U0918236

中国妈妈的文学课

郑春霞 著

浙江教育出版社·杭州

图书在版编目（CIP）数据

中国妈妈的文学课 / 郑春霞著. -- 杭州 : 浙江教育出版社，2019.8
ISBN 978-7-5536-9266-1

Ⅰ. ①中… Ⅱ. ①郑… Ⅲ. ①儿童文学一文学欣赏一世界一儿童读物 Ⅳ. ①I106.8-49

中国版本图书馆CIP数据核字(2019)第172616号

中国妈妈的文学课

ZHONGGUO MAMA DE WENXUEKE

郑春霞　著

责任编辑：邢　洁　　责任校对：谢　瑶
美术编辑：韩　波　　责任印务：曹雨辰
封面设计：张曲如

出版发行：浙江教育出版社
（杭州市天目山路 40 号　邮编：310013）
图文制作：杭州万方图书有限公司
印　　刷：浙江新华印刷技术有限公司

开　　本：880mm × 1230mm　1/32　　印　　张：7.625
版　　次：2019 年 8 月第 1 版　　字　　数：138 000
印　　次：2019 年 8 月第 1 次印刷
标准书号：ISBN 978-7-5536-9266-1　　定　　价：35.00 元

网　　址：www.zjeph.com
如发现印、装质量问题，请与承印厂联系。
电话：0571-85164359

编者的话

有了孩子，妈妈总是面临潮水般不断涌现的各种问题。其中有两个最经典：一是我买了那么多的书，可是孩子都不喜欢看，这是为什么呢？二是孩子越来越大，越来越不愿意跟我们交流，回家就关上门，我们也不知道他在想什么，怎么办呢？

育儿问题的答案当然不会是唯一的。我们有一个很好的解答，就是这两本书——《中国妈妈的文学课》和《中国妈妈的国学课》。儿童文学作家郑春霞老师是一个非常智慧的妈妈，她用亲子共读的方式解决了妈妈们面临的这两大难题。

郑老师的智慧首先体现在选文上。

文学和国学作品浩如烟海，要选取适合孩子的作品并非易事。郑老师的选文遵循了有趣、经典、多样的原则。《皇帝的新装》《没头脑和不高兴》这类作品中裸奔的皇帝、丢三落四的“没头脑”常常令孩子捧腹，要求妈妈一讲再讲。在这一讲再讲中，诚实、负责的观念也随故事镌刻在孩子的心中。经典作品的选择难度比较大，有的体量大，比如唐诗、宋词；有的语言难懂，比如《庄子》。郑老师选择篇幅短小、故事性强的，比如《三戒》中的《黔之驴》，在亲子对话中采用白话串讲的方式，很好地解决了这个难题。多样性体现了郑老师的专业视角，比如《聊斋志异》的入选。在一般人眼中，这是一篇文言文鬼故事，不太适合孩子。但其实《聊斋志异》有极高的文学成就，书中许多短小有趣的故事，非常适合孩子阅读。

书的编写模式也充满智慧。

它分成4个板块，第一是“妈妈导读”，第二是原文节选，第三是亲子对话，第四是“妈妈贴士”。这样的安排真是贴心，妈妈们可以按图索骥。看看简介和原文，我们大概能了解作品的面貌和风格；读读亲子对话，我们能预估作品适不适合自己的孩子。这样，妈妈们选书时就不会再无的放矢了。

当然，郑老师智慧的最佳体现是书中的亲子共读部分。

亲子共读是一个非常好的平台，它解决了我们上面提到的第二个问题。家长和孩子没有话说，其实是因为我们没有找到能和孩子共同沉浸其中的一件事。当家长和孩子共同沉浸在某件事情当中，才有可能倾诉自己的情感，表达自己的思想。并且这种交流是自然、不做作的，是会获得最大成效的。郑老师和她的孩子快快选择的是亲子共读，阅读在丰盈孩子内心的同时，也构建了令人羡慕的亲子关系。

翻开书页，扑面而来的气息是平等。平等，是展开所有良好对话的基本原则，当然也包括亲子对话。郑老师的亲子对话平等而轻松。我们可以看到，儿子畅所欲言，妈妈从来都是鼓励，而不是制止和纠正。

快快：妈妈，这本书都把我看哭了。太感动了！

妈妈：为什么感动呀？

快快：小林校长真是太好了，太懂我们的心了。我想作者就是因为太感动了，才写下这本书的，因为校长让她度过了一段快乐而难忘的童年时光。所以，她要写一本书来感谢校长。

妈妈：你知道得很多呀！

快快：妈妈，小豆豆就是作者自己。这本书写的都是真实发生的事情。校长就是作者的校长，巴学园就是真的巴学园。

妈妈：哈哈，看把你激动的。

快快：我也希望跟小豆豆一起上学，一起到巴学园去。

妈妈：嗯，巴学园简直就是桃花源一样，令人向往。

快快：如果碰到小林校长，我一定深深地拥抱他.他就是我们小孩的知音，他对孩子们的教育就是爱的教育。

短短的对话中，有问有答有欢笑，还有孩子的童稚联想。这一切的基础就是平等和鼓励。

启发是指导阅读的重要技巧。孩子在阅读的时候会遇到无数障碍，这时最需要的是有效的帮助和启发。

妈妈：鸟和树一直以来都是一对绝佳的文学意象组合。你想想看，哪些文学作品里写到了鸟和树？

快快：嗯，这个难不倒我。“两个黄鹂鸣翠柳，一行白鹭上青天。”这句唐诗里面有两种鸟——黄鹂和白鹭，黄鹂歌声很好听，白鹭又白又美。还写到一种树——柳树。黄鹂、翠柳，白鹭、青天，妈妈，你看，这色彩多么丰富。黄鹂跟柳树也是一对好朋友，不然它怎么整天在柳树上鸣叫呢？

妈妈：哇，你现在越来越能够赏析作品啦，把这句诗说得有声有色，动静相宜呀。

“意象组合”是专业的概念，郑老师利用《去年的树》一文，自然而然地提问，启发了快快，才有了这么精彩的对话。

在宽松的对话氛围和妈妈巧妙的启发下，孩子最终会完成独立的思考，逐渐建立完善的自我意识。

快快：妈妈，你说《小王子》这本书是写给大人看的，还是写给小孩看的？

妈妈：哈哈，这个问题有意思，你说呢？

快快：依我看，它既是写给小孩看的，又是写给大人看的。里面的道理很深刻。

妈妈：哦？这你都看出来了？

快快：比如说，那只狐狸，想要小王子驯养自己，让自己有归属感，它就对小王子说：“我和你都很普通，跟成千上万的其他狐狸和其他人并没有什么区别。但是如果你驯养了我，那我就是有人驯养的狐狸了，我从此就与众不同了。而你呢，你驯养了我，我就天天在等待着你，期盼着你，你也与众不同了，因为有人在等你。”妈妈，这只狐狸是一只非常有智慧的狐狸，它说出了爱的秘密。

妈妈：你也很有智慧呀！什么是爱的秘密呀？

快快：就是他们之间有了爱，他们俩都与众不同了。这么说吧，如果我不是你的孩子，你就不会对我那么关心，那么在意。如果你不是我的妈妈，我也不会天天黏着你，缠着你，让你讲故事给我听。

妈妈：哦？原来妈妈和孩子也是这样的关系啊？

快快：是啊。这就是“爱”的关系。

快快对于小王子和狐狸建立情感的思考极有深度，这种思考是建立在大量的阅读、启发、思考之后才会生发出来的。

选什么书？怎么选？怎么与孩子进行对话？在对话的过程中要采取哪些原则？对话到哪里为止？这两本书给了我们非常好的启示。

亲子共读，既启迪了孩子的智慧，也构筑了和谐的交流平台，让妈妈们更加了解孩子并获得自身的成长。这是非常美好的经历，愿我们的读者能收获这种美好。

目录

妈妈导读

《窗边的小豆豆》主要讲述的是作者——日本女作家黑柳彻子上小学时一段真实的故事。小豆豆因为淘气被原来的学校退了学，来到巴学园。在这座叫“巴学园”的奇怪学校里，孩子们在用废弃的电车车厢做的教室里上课，按自己喜欢的顺序自由学习各个科目。校长亲自策划有稀奇古怪项目的、让每个孩子都能发挥特长的运动会。晚上，他们在大礼堂里支起帐篷“露营”，听校长讲旅行故事。小豆豆就在这所崇尚自然教育、顺应孩子们自由天性的小学里健康成长，直到后来学校毁于战火。

读《窗边的小豆豆》

就是这么简单的一次露营（在礼堂里搭起帐篷，睡觉……），对孩子们来说，却是一生中难以忘却的开心记忆，是非常宝贵的经历。校长先生的确深深地知道孩子们喜欢的到底是什么。先生的话说完了，礼堂的电灯也熄灭了，大家纷纷钻

进帐篷里。从那边帐篷里传来笑声，从这边帐篷里传来窃窃私语，接着，对面帐篷里又有人扭成一团……渐渐地，礼堂安静了下来。既没有星星，也没有月亮的露营。但是孩子们在小小礼堂里的露营，却使他们从心底感到满足。那天晚上，天上繁星闪烁，月光如水，温柔地包裹着礼堂，那光辉仿佛永远在闪耀。

——《窗边的小豆豆》

快快：妈妈，这本书都把我看哭了。太感动了！

妈妈：为什么感动呀？

快快：小林校长真是太好了，太懂我们的心了。我想作者就是因为太感动了，才写下这本书的，因为校长让她度过了一段快乐而难忘的童年时光。所以，她要写一本书来感谢校长。

妈妈：你知道得很多呀！

快快：妈妈，小豆豆就是作者自己。这本书写的都是真实发生的事情。校长就是作者的校长，巴学园就是真的巴学园。

妈妈：哈哈，看把你激动的。

快快：我也希望跟小豆豆一起上学，一起到巴学园去。

妈妈：嗯，巴学园简直就是桃花源一样，令人向往。

快快：如果碰到小林校长，我一定深深地拥抱他。他就是我们小孩的知音。他对孩子们的教育就是爱的教育。

妈妈：哦？你说说看，小林校长都有哪些爱的教育？

快快：你看，小豆豆是在其他学校混不下去才被送到巴学园来的。她在她原先那所学校，上课老是打开桌子盖又关上桌子盖，她站在窗边跟路过的艺人聊天，让他们表演节目。老师没法上课，就让她退学了。到了巴学园，她见到的第一个人就是校长。校长一点都不嫌弃她，让她尽情地说话。她就"吧嗒吧嗒"想到什么说

什么，校长认真地听着她说话，整整听了四个小时，一次也没有打哈欠，一次也没有露出不耐烦的样子。妈妈，你看这一段：“这个时候，小豆豆感到生平第一次遇到了自己真正喜欢的人！因为，从小豆豆出生后直到现在，还从来没有一个人这么长时间地听她说话呢。”

妈妈：嗯，倾听孩子的心声是对孩子最好的关爱和尊重。老师和父母都不能劈头盖脸地批评孩子，要先听听孩子心里是怎么想的，让孩子把心里的话说出来。

快快：你看，他们第一次见面就成了朋友，真正的好朋友。就是：我喜欢说话给你听，你也愿意听我说话。妈妈，是不是啊？

妈妈：嗯，他们的心理距离一下子就拉近了。小豆豆第一眼就喜欢上了学校，喜欢上了校长。校长也喜欢小豆豆。

快快：妈妈，你知道他们带的盒饭叫什么吗？也是校长取的名字，叫作“山的味道”“海的味道”。

妈妈：这么好听！什么叫“山的味道”？什么叫“海的味道”？

快快：“山的味道”就是蔬菜啊、肉啊之类生长在陆地上的食物。“海的味道”就是鱼啊、虾啊、螃蟹啊这些生长在海里的食物。

妈妈：这样看来，小林校长不仅是爱的教育，还是诗的教育，美的教育。他把食物说得这么美，这么有诗意。是啊，食物里面不都藏着阳光的味道、雨水的味道、高山的味道和大海的味道吗？孩子们吃着这些味道，就是在享受来自阳光雨露、大地山川的恩泽呀。

快快：妈妈，校长先生还有别的用意呢！他让孩子们带"山的味道""海的味道"，大家就不会互相攀比呀。不会说谁的菜很高级，谁的菜很寒酸。反正不是山的味道，就是海的味道，大家都是一样的。而且既有山的味道，又有海的味道，孩子们就能够营养均衡，不会因为挑食而营养不良了。

妈妈：嗯，真是个有智慧的校长啊。这样说来，校长的教育还是智慧的教育。

快快：妈妈，依我看，校长的教育还是很有创意的教育。

妈妈：哦？怎么说呢？

快快：你看，他们的学校——巴学园里面的教室就是电车呀。你看这一段："在这里，简直就像是一边学习，一边旅行一样！车里有行李网架，车窗也全部是原来的样子。要说有什么不同之处，那就是把司机的座位换成了黑板，把电车的长椅子拆了下来，换上了小学生用的桌子和椅子，桌椅朝着电车前进的方向摆放着。"你看你看，妈妈，我们哪里有这样的教室呀？太有创意了！我好喜欢这样的教室。

妈妈：嗯，确实不错！一边学习，一遍旅行！

快快：你说哪个小孩子会不喜欢呢？小孩子就喜欢一边玩一边学。如果上课太枯燥、太单调的话，那就一点意思也没有了。

妈妈：说得对。这个教室就是寓教于乐的最好解释。

快快：还有啊，小林校长还在运动会上策划了稀奇古怪的项目，让每个孩子都能发挥特长。

妈妈：真是有心的校长。

快快：妈妈，小林校长的教育还是开放的教育。你看，巴学园里的学生如果上午把课程都学完了，下午就集体出去散步，学习地理和自然，夜晚还在大礼堂里支起帐篷"露营"，听校长讲旅行故事。

妈妈：哦？在礼堂里"露营"是怎么一回事？

快快：就是在礼堂里支起帐篷，校长所说的“露营”。

妈妈：哈哈，这真好玩。

快快：妈妈，我还没有露营过呢！

妈妈：说真的，妈妈也没有露营过呢！下次我们全家一起去真正的露营。

快快：太好了，太好了！

妈妈：这一段写得太美了。请你念一遍。

快快：“渐渐地，礼堂安静了下来。既没有星星，也没有月亮的露营。但是孩子们在小小礼堂里的露营，却使他们从心底感到满足。那天晚上，天上繁星闪烁，月光如水，温柔地包裹着礼堂，那光辉仿佛永远在闪耀。”

妈妈：真美！

妈妈贴士

每读一遍《窗边的小豆豆》，就会被深深地感动一次。巴学园，是每一个孩子甚至是大人所向往的地方。那里充满欢乐。每个孩子都被尊重，被爱护。那里的教育是爱的教育，更是智慧的教育。这样的教育呼唤出了孩子内心柔嫩却圣洁的光辉，让人心甘情愿、不知不觉地走向真善美的彼岸。这样的教育，是智慧的吸引，是灵魂的感召。这样的教育多么迷人，当你被它照耀，你就会身心明亮。

妈妈导读

《小王子》是于1943年问世的著名儿童文学短篇小说，作者是法国作家安东尼·德·圣·埃克苏佩里。小说的主人公是来自外星球的小王子。本书以一位飞行员为故事叙述者，讲述了小王子从自己星球出发前往地球的历险故事。作者以小王子的孩子式的眼光，透视出成人的空虚、盲目，愚妄和死板教条，也表达出作者对金钱利益关系的批判，对真善美的讴歌。

读《小王子》

“没错，”狐狸说，“对我而言，你只不过是个小男孩，就像其他千万个小男孩一样。我不需要你，你也同样用不着我。对你来说，我只不过是只狐狸，就跟其他千万只狐狸一样。然而，如果你驯养了我，我们将彼此需要，对我而言，你将是宇宙唯一的了；我对你来说，也是世界上唯一的了。你有一头金黄色的头发，如果你驯养我，那该会有多么美好啊！金黄色的麦子会让我想起你，我也会喜欢听风在麦穗间吹拂的声音。”

——《小王子》

快快：妈妈，你说《小王子》这本书是写给大人看的，还是写给小孩看的？

妈妈：哈哈，这个问题有意思，你说呢？

快快：依我看，它既是写给小孩看的，又是写给大人看的。里面的道理很深刻。

妈妈：哦？这你都看出来了？

快快：比如说，那只狐狸。它想要小王子驯养它，让它有归属感，它就对小王子说，我和你都很普通，跟成千上万的其他狐狸和其他人并没有什么区别。但是如果你驯养了我，那我就是有人驯养的狐狸了，我从此就与众不同了。而你呢，你驯养了我，我就天天在等待着你，期盼着你，你也与众不同了，因为有人在等你。这只狐狸是一只非常有智慧的狐狸。它说出了爱的秘密。妈妈，你也很有智慧呀！什么是爱的秘密呀？

快快：就是他们之间有了爱，他们俩都与众不同了。就这么说吧，如果我不是你的孩子，你就不会对我那么关心，那么在意。如果你不是我的妈妈，我也不会天天黏着你，缠着你，让你讲故事给我听，晚上还要跟你一起睡。

妈妈：哦？原来妈妈和孩子也是这样的关系啊？

快快：是啊。这就是“爱”的关系，“驯养”的关系。跟小王

子和狐狸是一模一样的。你看，我咳嗽一声，你就担心我是不是感冒了。我在家里写作业的时候，都能分辨窗户外面妈妈的脚步声。就是这种“爱”的关系，使我能够把自己的妈妈跟其他人的妈妈分辨出来，妈妈也能把我跟其他小孩子分辨出来。我们是不是都从此与众不同了？妈妈，谢谢你“驯养”了我。

妈妈：哈哈，越来越厉害了！看来，读了《小王子》，你有很多心得呀！

快快：嗯哼。妈妈，你还没有回答我，你说《小王子》是写给大人看的，还是写给小孩看的？

妈妈：其实大人就是小孩，小孩也是大人。大人是曾经的小孩，小孩是将来的大人。大人和小孩是同一个人的两段不同的时光。

快快：妈妈，我觉得，每一个大人看了《小王子》都想回到童年。每个小孩看了《小王子》都不想长大了。

妈妈：说得有道理。

快快：你看哦，那些星球上的大人，一个一个，一点都不可爱。小王子很不耐烦他们，讨厌死他们了。

妈妈：哦，都有哪些大人？

快快：先说第一个星球上那个人。他是一个国王，整天穿着紫色貂皮长袍，坐在威武的宝座上。他那个星球小得可怜，整个星球都被国王那件巨大的长袍给盖住了。

他那个小星球上没有其他人，只有一只老鼠，他一会儿宣判老鼠死刑，一会儿又赦免了它。

妈妈：为什么呀？

快快：因为如果老鼠真的死了，他就没法实现他可怜的权力欲望了，他就没有可以宣判的对象了呀。

妈妈：这国王可真够可怜的。

快快：真够讽刺的。作者就是要讽刺这种人——自以为是，高高在上，以为自己统治了全世界。

妈妈：哈哈，那第二个星球呢？

快快：第二个星球的人太自恋了。他认为自己是星球上最帅、最会穿衣服、最有钱，而且是最聪明的人。好笑的是，那个星球上就只有他一个人，他还非得让小王子崇拜他。

妈妈：哇哦，真够自恋的！

快快：第三个星球上住着一个酒鬼。小王子问他："你在做什么？"他说："喝酒啊！""那为什么要喝酒呢？""为了忘却。""为了忘却什么呢？""为了忘却我的羞愧。""你为什么羞愧？""因为我喝酒！"妈妈，你看这像不像绕口令，这种人就是明知故犯、不知悔改，绕着绕着，又绕到老毛病上去了。

妈妈：就是，真是可恶！

快快：不过，都比不上第四个星球上的人，太奇葩了。

妈妈：哦，怎么奇葩法？

快快：他每天每夜就在那里算天上有几颗星星，其他什么事情都不做。

妈妈：他算出有多少颗星星？

快快：五亿一百六十二万二千七百三十一颗。然后，他把这么多星星的数字写在纸上，把纸锁进抽屉里，就认为自己拥有了巨大的财富，这些星星都是他的了。

妈妈：哈哈哈，还挺有创意的。

快快：妈妈，你有没有发现，这些人都自我感觉太好了，太自以为是了。

妈妈：嗯，都活在非常狭隘、自私的臆想之中。小王子还遇见过什么人呢？

快快：还遇见第五个星球上的那个不会动脑筋，每天就只会在那里点灯、熄灯的人；第六个星球上的那个关在屋里看地图，从来不实地去考察的地理学家。然后就到了地球，遇到了那只聪明的狐狸。

妈妈：那只狐狸真是聪明。它是一只需要爱，也懂得爱的狐狸。

快快：所以，小王子才非常想念自己原先那颗迷你小星球以及星球上的那朵玫瑰花。

妈妈：他自己的星球？

快快：对啊，他自己的星球上有一朵玫瑰花，有三座火山，一天能够看43次日落。可是那朵玫瑰花太骄傲了，

一会儿说自己会被风吹着、雨淋着，一会儿又故意咳嗽，假装生病了。还说自己是独一无二的。所以，小王子就离开它了。

妈妈：可是后来又为什么想念它呢？

快快：因为狐狸的话让他领悟到，世界上确实有成千上万朵玫瑰花，但是那些玫瑰花跟他没有关系。只有他自己星球上的那一朵他亲手浇灌的玫瑰花才是真正爱他的玫瑰花。原来玫瑰花这么骄傲，就是为了吸引小王子的注意。妈妈，你说什么是爱呢？

妈妈：嗯，爱，可能就是关心和牵挂。

快快：所以，小王子要回到玫瑰花的身边，回到自己的星球上去。故事就是这样结束的。

妈妈：嗯，真是一个精彩的故事。

妈妈贴士

童话从来不只是写给孩子看的。《小王子》里的每一个人物、每一件事物，都带有深深的隐喻性。它批判了人类世界的自高自大、自以为是、虚荣、愚蠢、目空一切。它讴歌的是如小王子这般的善良、纯真、可爱、可贵的童心。细细想来，作为大人，我们也或多或少沾染了一些成人世界的陋习，何不借着《小王子》好好地洗涤一下自己的心灵呢？而对于孩子来说，《小王子》更是童年最美好的陪伴了。

妈妈导读

《丑小鸭》选自《安徒生童话》。安徒生一生共写了160多篇童话故事，作品被翻译成80多种语言。他的作品通过奇妙的幻想、深邃的智慧、幽默的讽刺反映底层人民的悲惨生活，讽刺所谓高层人物的昏庸丑态，嘲笑富人的无知和娇柔，歌颂真善美的理想和信念，百余年来一直为世界各国的小孩和大人所喜爱。

读《丑小鸭》

“请你们弄死我吧！”这只可怜的动物说。他把头低低地垂到水上，只等待着死。但是他在这清澈的水上看到了什么呢？他看到了自己的倒影。但那不再是一只粗笨的、深灰色的、又丑又令人讨厌的鸭子，而是——一只天鹅！

只要你曾经在一只天鹅蛋里待过，就算你是生在养鸭场里也没有什么关系。

对于他过去所受的不幸和苦恼，他现在感到非常高兴。他现在清楚地认识到幸福和美正在向他招手。——许多大天鹅在他周围游泳，用嘴亲他。

——安徒生《丑小鸭》

快快：妈妈，童话其实是很可怕的。

妈妈：哦？童话不都是很美好的吗？我们都说，像童话一样美好。

快快：哪里？不说别的，就说《丑小鸭》，那里面的鸭群、鸡群，女佣人，多么可怕都不知道。丑小鸭太可怜了！鸭儿们啄他，小鸡打他，喂鸡鸭的那个女佣人用脚踢他。就连把他孵出来的鸭妈妈都要嫌弃他，还赶他走。所以他只好四处流浪，受尽折磨，看尽了世态炎凉。

妈妈：哈哈，“世态炎凉”都会说啦。

快快：妈妈，你看，童话的世界是不是很可怕，很势利？就因为丑小鸭长得丑，他们就以貌取人，哦不，以貌取鸭。这太不公平了！长得丑又不是丑小鸭的错。

妈妈：看来你很同情丑小鸭呢，为他这么愤愤不平。

快快：本来就是嘛。他到处挨打，被排挤，被讥笑，可怜极了。妈妈，如果我是丑小鸭，我被这样嫌弃，被这样侮辱，难道你不心痛吗？

妈妈：是呢，妈妈会很心痛。

快快：所以呀，这些鸡鸭，这些人，太没有同情心了！

妈妈：嗯。所谓同情心就是将心比心。想一想，如果你是丑小鸭，别人这么对待你，你会怎么样呢？能够这样替别人着想，就不会做出这种欺负别人的事情了。

快快：妈妈，就是孟子说的恻隐之心。

妈妈：嗯，表扬一下！你能够学以致用了。

快快：妈妈，不过也真挺可怕的。如果我生下来像丑小鸭这么丑，那该怎么办呀？照个镜子，都能把自己丑哭，丑死。更不用说被别人嫌弃了。幸好我这么帅啊！不然，我肯定也会像丑小鸭这么自卑。

妈妈：哈哈哈哈，你倒是挺自恋的。

快快：妈妈，丑小鸭因为丑而自卑，因为自卑就更丑了。这样下去，他就会越来越丑，越来越自卑。

妈妈：哦？他很自卑？

快快：这你都没看出来？你看这里：猎狗看见他，都走开了，不想吃他。他说："我丑得连猎狗也不要咬我了！"多自卑啊！再看这里："他怎能梦想有他们那样美丽呢？只要别的鸭儿准许他跟他们生活在一起，

他就已经很满意了——可怜的丑东西。”你看，低到尘埃里去了。还有这里：“可是他们会把我弄死的，因为我是这样丑，居然敢接近他们。”唉，真是自卑极了！所以，自卑的人肯定是丑的。你连自己都看不起自己，谁又能看得起你呢？

妈妈：那怎样才美呢？

快快：自信才美。

妈妈：那丑小鸭应该怎么做？

快快：依我说，丑自己的，让别人美去吧！丑怎么了？又不偷又不抢，相貌丑一点，依然可以很可爱呀。只要你善良，温柔，对人好，你就不丑了。妈妈，相貌丑，心灵可以美的呀！

妈妈：嗯，说得太好了！丑小鸭一直都有心灵美呢。一开始，鸭妈妈还是护着他的，说他不好看，但是脾气非常好；游起水来也比别人好。他那么谦卑，那么忍让，从不计较别人对他的羞辱，只是自己一个人默默地承受。他也没有因为自己受到的不公平待遇而对社会不满或者去报复别人；相反，他内心纯善、宽容。他还那么向往美好，当一群天鹅飞过的时候，他的内心充满了羡慕和向往。

快快：妈妈，结尾真是出人意料又让人眼前一亮。原来他就是一只天鹅啊！

妈妈：是啊，他是珍珠落在了沙堆里。

快快：太可惜了！太委屈了！

妈妈：不会呢，他反而感到非常高兴和感恩。

快快：他真是一只高贵的天鹅啊！

妈妈：是呢，他的心灵早已先于他的容貌成为了美丽的白天鹅。高贵是由苦难换来的。谁能经受得住苦难的考验，谁就能够成为高贵的人。

快快：妈妈，就是那句话“梅花香自苦寒来”，还有那句话“吃得苦中苦，方为人上人”，人上人就是高人，就是贵人，就是高贵的人。

妈妈：对。所以说，所有的苦难都是对自己意志的修炼。不要害怕苦难，逃避苦难。当苦难扑面而来、无处躲藏的时候，不如勇敢地迎上去。

快快：妈妈，大战它个三百回合，挑战它个九九八十一难。

妈妈：哈哈，有气势！

快快：妈妈，万一结尾没说他是只白天鹅呢，他其实就是丑小鸭呢？

妈妈：那也没关系啊。心灵美，则一切都美。容貌已经不重要了。

快快：那作者为什么还要安排他做一只安静的美天鹅呢？

妈妈：所以说，当你坦然面对苦难的时候，上天往往会有意外的安排，会给你一个大大的礼物，奖赏你，宠爱你。

快快：哇，童话太美好了！

妈妈：对吧。童话就是现实，现实也是童话。既有可怕的一面，也有美好的一面。只要你心存善念，不断努力，美好就会一点一点亲近你，拥抱你，把你抱个满怀。

快快：哇，我喜欢。

妈妈贴士

《丑小鸭》的故事读了一遍又一遍，那只可怜的鸭子一次次撞击着我们的心。《丑小鸭》历来被看作是安徒生的小自传。他的童年也有这样被人排挤、冷落的经历。他终于用文学让自己成长为美丽的白天鹅。让孩子从小学会接纳，学会承受，像丑小鸭一样皮实、坚忍，终能成大器。谁不想做白天鹅呢？但如果徒有天鹅之形态、容貌，而没有天鹅之优雅、高贵，那么这样的天鹅也不过是绣花枕头。让我们以丑小鸭般的谦卑和努力，去不懈地追求白天鹅般的理想和未来。

妈妈导读

《皇帝的新装》选自《安徒生童话》，通过一个愚蠢的皇帝被两个骗子愚弄，穿上了一件实际上根本不存在的新装，赤裸裸地举行游行大典的丑剧，深刻地揭露了皇帝昏庸无能及大小官吏虚伪、奸诈、愚蠢的丑恶本质。褒扬了无私无畏、敢于揭假的天真烂漫的童心。

读《皇帝的新装》

许多年以前有一位皇帝，他非常喜欢穿好看的新衣服。他为了要穿得漂亮，把所有的钱都花到衣服上去了，他一点也不关心他的军队，也不喜欢去看戏，除非是为了炫耀一下新衣服，他也不喜欢乘着马车逛公园。他每天每个钟头要换一套新衣服。人们提到他，总是说：“皇上在更衣室里。”

——安徒生《皇帝的新装》

快快：哎呀，妈妈，这里面的人都太能装了！

妈妈：谁？

快快：《皇帝的新装》里面的人呀。你看，这两个骗子是不是很能装？拿了国王的金子，整天就假装在织布。假装在那两架空空的织布机上忙碌地工作，一直忙到深夜。

妈妈：呵呵，装得跟真的一样。骗子嘛，就是靠弄虚作假来骗钱的。

快快：还一个劲儿地在那里吹牛，说他们织的布，花纹多么多么美丽，色彩多么多么漂亮。其实什么也没有。

妈妈：说得天花乱坠的，差点连自己都相信了。骗子的想象力真是一流的。

快快：说什么，愚蠢的人或是不称职的人是看不见那些布的，只有聪明的和称职的人才能看得见。妈妈，他们这样说，等于是抓住了那些人的要害。不自信的人就会中了他们的圈套。

妈妈：是呢，这些骗子跟学过心理学似的。

快快：妈妈，还有那个老大臣也太能装了！你看，国王派他去看看，他其实什么也没有看见。但他又胆小又不自信，就怕自己不称职，所以就说谎了，还说："美极了！真是美极了！"也学着那两个骗子说"多么美的花纹！多么美的色彩"。

妈妈：真是丑态百出。

快快：最能装的还是那个皇帝呀！妈妈你看，他自己明明什么也没有看见，但他却说："啊，它真是美极了！我表示十二分的满意！"然后随从们也像应声虫一样，都这么说。

妈妈：真是集体大撒谎。

快快：更能装的是游行的时候。两个骗子指着空气说，这是裤子，这是袍子，这是外衣！其实什么都没有。骗子还说，这衣服轻柔得像蜘蛛网一样，穿着它的人会觉得好像身上没有什么东西似的。真是睁着眼睛说瞎话啊！

妈妈：真是听不下去了，对吧？

快快：妈妈，这帮人太恶心了。全部都在说谎，全部都是骗子。

妈妈：是呢。一群骗子，一国骗子。

快快：更荒唐的还是皇帝。你看他把身上的衣服统统都脱光

了。骗子把根本不存在的"新装"一件一件穿在他身上。大臣们假装托着后摆，跟着皇帝耀武扬威地游行去。真是太滑稽、太可笑了。

妈妈：如果故事到这里为止，你觉得怎么样？

快快：如果到这里为止，就看不见一个好人了，一点希望都没有了。

妈妈：是啊，荒唐而虚荣的皇帝，昏庸而懦弱的大臣，还有无耻的骗子们，这个国家真的是没救了。

快快：幸好还有一个小孩子。只有那个小孩子一点都不装，只有他说了真话。他说——可是他什么衣服也没有穿呀！妈妈，这个小孩子太诚实了！

妈妈：嗯，小孩子是不会说谎的。他纯洁而真实。他还没有被污染，他还有一颗赤子之心。

快快：什么是赤子之心？

妈妈：就是童心，纯洁的心。

快快：妈妈，用网络的话说，这个小孩子就是这篇童话中的一股清流。其他那些说谎的人都是泥石流。那些人太浑浊、太肮脏了，只有这个小孩子才是清爽的、干净的。

妈妈：是的，这个小孩子在这个故事中非常出彩。他说出了真话，说出了真相，说出了真理。因为他没有私心，没有功利心。而其他那些人都是心有所图，心里有鬼，所以才不敢说真话。

快快：我知道。这个皇帝平时就知道穿新衣服，不关心军队，也不关心国家，根本就不是一个称职的皇帝，所以当他什么也没有看见的时候，当然害怕极了，害怕了就说谎了。

妈妈：对。还有那些大臣和随从们，也都是这样的人。如果真的问心无愧，怎么会大白天说瞎话呢？

快快：还有那两个骗子。他们就是心有所图。他们就是要骗钱呀。他们从皇帝那里骗到很多很多金子之后，肯定一边数钱一边嘲笑皇帝和大臣们是超级大傻瓜呢！

妈妈：然后收拾收拾，又到另一个地方去骗了。

快快：妈妈，我也要做那个小孩子。做人怎么可以说谎呢？我也要做清流，不做泥石流。

妈妈：当然。诚实最有力量。你看，这个小孩子说了真话之后，所有的老百姓也跟着说了真话。这就是诚实的力量。

快快：可是听到大家说他什么都没有穿，那个臭皇帝还摆出一副更骄傲的神气呢。那些大臣还拼命地跟在他后面，手里托着什么也没有的后摆。

妈妈：但是有了百姓真实的呼声在，你觉得这个臭皇帝还能做得久吗？谎言迟早会被揭穿，就像肥皂泡总会破灭一样。

快快：嗯。

妈妈贴士

童话仅仅是写给孩子看的吗？不！童话深刻着呢！通过人所共知、孩子都能识别的生活场景，展现出来的是多么滑稽而荒唐的一幕幕！然而，它所揭示的主题又是多么鞭辟入里。这就是安徒生童话的永恒魅力。看似简单极了，却那么耐人寻味，令人深思，直指人性的懦弱、社会的病态。它刺痛的是每一个读者的神经。它教导每一个终究要成为社会一分子的孩子：记住你的小时候，记住你的赤子之心，长大了也要做一个诚实的人；如果你有一天做了“大臣”或者“皇帝”，那么请做一个诚实的“大臣”，做一个诚实的“皇帝”，因为我们需要一个诚实的国家。

妈妈导读

《伊索寓言》是古希腊民间流传的讽喻故事，经后人多次补充、编订而成的，共357篇。伊索与克雷洛夫、拉·封丹和莱辛并称世界四大寓言家。他曾是奴隶，被转卖多次，但因知识渊博，聪颖过人，最后获得自由。《伊索寓言》大多是动物故事，以动物为喻，教人处世和做人的道理，少部分以人或神为主，形式短小精悍，比喻恰当，形象生动，通常在结尾以一句话画龙点睛地揭示蕴含的道理，它们篇幅小而寓意深刻，语言不多却值得回味，艺术成就很高，对后代影响很大。

读《伊索寓言》

叼着肉的狗

狗叼着肉渡过一条河。他看见水中自己的倒影，还以为是另一条狗叼着一块更大的肉。想到这里，他决定要去抢那块更大的肉。于是，他扑到水中抢那块更大的。结果，他两块肉都没得到，水中那块本来就不存在，原有那块又被河水冲走了。

狼与小羊

一只小羊在河边喝水，狼见到后，便想找一个名正言顺的借口吃掉他。于是他跑到上游，恶狠狠地说小羊把河水搅浑浊了，使他喝不到清水。小羊回答说，他仅仅站在河边喝水，并且又在下游，根本不可能把上游的水搅浑。狼见此计不成，又说道："我父亲去年被你骂过。"小羊说，那时他还没有出生。狼对他说："不管你怎样辩解，反正我不会放过你。"

农夫与蛇

冬天，农夫发现一条蛇冻僵了，他很可怜它，便把蛇放在自己怀里。蛇温暖后，苏醒了过来，恢复了它的本性，咬了它的恩人一口，使他受到了致命的伤害。农夫临死前说："我该死，我怜悯恶人，应该受恶报。"

——《伊索寓言》

快快：妈妈，那狗也太傻了！太奇葩了！叼着肉，你就吃肉好了，还要去看看倒影。还把自己的倒影当成了另一条狗叼着另一块肉，比自己这块更大。还要去抢肉。抢啊抢，肉不见了。啥都没有了。

妈妈：你说这条狗为什么这么傻？

快快：因为它太贪心了。

妈妈：这个叫作利令智昏。贪心的人往往智商低。

快快：为什么呀？

妈妈：因为他脑袋里只想着利益、好处，只想着天上掉馅饼的事儿，头脑发昏、发热，对周围的一切都缺少清醒的认识和理智的判断。

快快：明明说的是人，为什么要拿狗说事呢？妈妈，我知道，这就是寓言。

妈妈：对。寓言，就是用比喻性的故事来寄托意味深长的道理，给人以启示。

快快：妈妈，这个故事的启示就是偷鸡不成蚀把米，抢肉不成还丢了肉。

妈妈：这个比"偷鸡不成蚀把米"更具讽刺意味。"偷鸡"还有一只鸡呢，这只狗抢肉是在抢倒影，抢虚幻中的肉，抢的是根本不存在的东西。

快快：连虚幻的东西都要抢，真是贪心呀。

妈妈：你看，《伊索寓言》多么具有讽刺性啊！就这么短短几个字，把贪婪者的嘴脸刻画得栩栩如生，把贪婪的后果也交代得清清楚楚。

快快：贪婪的后果就是你贪心想要更多的，自己本来有的也会失去。

妈妈：对。我们再来看《狼与小羊》。

快快：妈妈，那只小羊太可怜了！那只狼太无耻！真是"欲加之罪，何患无辞"！

妈妈：狼就是霸权，霸权就是不讲道理。它要吃羊，还需要理由么？

快快：如果我是那只羊，我就赶紧想办法溜掉，跟狼有什么道理好讲的？这叫作"三十六计，走为上计"，对吧，妈妈？

妈妈：对极了！你是一只聪明的小羊。

快快：妈妈，那狼为什么还要找理由，他简单粗暴地扑上去把小羊吃了，不就行了？

妈妈：坏人哪有这么简单呢？他要伪装、欺瞒、哄骗，要掩人耳目，把你卖了还让你帮他数钱呢。坏人智商太高了，真是防不胜防啊！

快快：那我们的智商要比他更高才行。

妈妈：对呀！不过有句话叫作“多行不义必自毙”，坏事做多了，坏人就会自取灭亡，总会有人找他算账的。

快快：这就是“善有善报，恶有恶报”。所以我们一定要做好人，不能做坏人，要做一个很好很好的好人。

妈妈：不过，好人也不能乱做呢！乱做好人，也得不到好报。

快快：啊？做好人也这么难？

妈妈：你看，《农夫与蛇》里面那个农夫不就死得很惨吗？

快快：那条蛇太没良心了！明明是农夫救了它，不然它就冻死了。它活过来之后，竟然咬死了农夫。还有没有天理啊？

妈妈：这个寓言要我们记住，好事不能乱做。你对好人行善，好人会感激你；你对坏人行善，说不定会被坏人利用。所以，做好人也需要高智商，也需要冷静地去分析，理智地去判断。

快快：这套路也太深了！

妈妈：是吧？所以寓言是很真实，很残酷的。它把活生生的现实撕开给你看，不带任何面纱的。让你看个清楚，看个透彻。

快快：妈妈，那寓言为什么不直接讲道理？为什么总要把故事放在小动物身上？

妈妈：光讲道理多枯燥乏味啊，谁愿意听？用小动物的故事一讲，就变得生动起来，形象起来，而且道理不用讲谁都能懂了。这就是寓言的魅力。

快快：伊索太牛了！

妈妈：哈哈。

妈妈贴士

《伊索寓言》用浅显的故事说深刻的道理，这就是所谓的由浅入深。一则一则小故事的主角基本上都是能说人话的小动物。这些小动物有的可爱，有的可笑，有的可怜，有的可恶，活生生的气息扑面而来。这些小动物映射了我们这个纷繁复杂的人类社会，也有可爱、可笑、可怜和可恶。寓言是故事，寓言也是真实。你从里面读到了什么，又感悟了什么？这也是每个读《伊索寓言》的人该思考的问题。

妈妈导读

《灰姑娘》有多个版本。此版本选自《格林童话》。《格林童话》由德国语言学家雅格·格林和威廉·格林兄弟收集、整理、加工完成，内容广泛，体裁多样，除童话外，还有民间故事、笑话、寓言等。其中故事大致分三类：一是神魔故事，如《灰姑娘》《白雪公主》《青蛙王子》等，故事情节曲折、惊险奇异、变幻莫测；二是以动物为主人公的拟人童话，如《猫和老鼠》《狼与七只小山羊》等，故事中的动物既富有人情，又具有动物特点，生动可爱；三是以日常生活为题材的故事，如《快乐的汉斯》《三兄弟》等，这些故事中的人物勤劳质朴、幽默可爱。

读《灰姑娘》

她们说:“要这样一个没用的饭桶在厅堂里干什么?谁想吃上面包,谁就得自己去挣得,滚到厨房里做厨房女佣去吧!”说完又脱去她漂亮的衣裳,给她换上灰色的旧外套,恶作剧似的嘲笑她,把她赶到厨房里去了。她被迫去干艰苦的活儿。每天天不亮就起来担水、生火、做饭、洗衣,而且还要忍受她们姐妹对她的漠视和折磨。到了晚上,她累得筋疲力尽时,连睡觉的床铺也没有,不得不睡在炉灶旁边的灰烬中,这一来她身上都沾满了灰烬,又脏,又难看,由于这个原因她们就叫她灰姑娘。

——《灰姑娘》

快快：妈妈，郑钧有一首歌也叫《灰姑娘》。“怎么会迷上你，我在问自己。我什么都能放弃，居然今天难离去。你并不美丽，但是你可爱至极。哎呀灰姑娘，我的灰姑娘……你如此美丽，而且你可爱至极，哎呀灰姑娘，我的灰姑娘。”

妈妈：唱得好，赞一个！

快快：妈妈，这个灰姑娘是不是那个灰姑娘？

妈妈：可以是，也可以不是。因为人人心中都有一个灰姑娘。

快快：妈妈，你说这灰姑娘一会儿“并不美丽”，一会儿又“如此美丽”，她到底美不美丽啊？

妈妈：哈哈，你说呢？

快快：她穿着灰色衣服，邋里邋遢的时候并不美丽；她穿上好看的衣服和闪亮的舞鞋，跟王子一起跳舞的时候，却如此美丽。

妈妈：但是无论她是美丽还是不美丽，她都可爱至极。你说，人怎样才可爱呢？

快快：嗯，首先要善良。心地好的人才可爱，那些坏人就一点也不可爱。

妈妈：还有呢？

快快：还有不愁眉苦脸的、开朗又活泼的人很可爱。遇到困难，会想办法。就好像一个女孩子，老是哭啊哭啊的，就不可爱。

妈妈：还有呢？

快快：还有就是最好长得又很漂亮，那就更可爱了。妈妈，你说是不是？

妈妈：哈哈，小男生也喜欢漂亮姐姐啊？

快快：谁不喜欢漂亮姐姐呢？

妈妈：是啊，爱美之心，人皆有之。但是呢，漂亮的不一定就是美的。比如灰姑娘后母生的两个姐姐虽然也长得很漂亮，但是一点也不美。你说为什么呢？

快快：因为她们一点也不可爱。她们很坏，老是欺负灰姑娘。

妈妈：对的。所以，真正的美首先是心灵美，也就是可爱。

快快：妈妈，灰姑娘好可怜啊！自己的妈妈死了，没有人爱她。

妈妈：但你有没有发现，灰姑娘一点都不灰心！这正是她最可爱的地方。妈妈去世了，谁都会很伤心，灰姑娘也天天到妈妈坟上哭。但是，灰姑娘还是很坚强。她被后母和姐姐们欺负，整天在灰堆里干着粗活，但她心里面依然藏着梦想，向往着美好。

快快：妈妈，她藏着什么梦想？

妈妈：她也想要去参加舞会呀。这是所有女孩子的梦想。在舞会上，她们穿着最美丽的衣裳和舞鞋，还有可能遇见自己心爱的人。你想想看，灰姑娘生活在这么又脏又乱的环境里面，依然想着也能够到美艳绝伦的舞会上去。这就是她的梦想。

快快：妈妈，梦想总是要有的，万一实现了呢？

妈妈：对呀，所以说，灰姑娘是很了不起的。如果因为处

境艰难就放弃自己，她又怎么能够见到王子，从而改变自己的命运呢？

快快：妈妈，这个叫作逆袭。最不可能赢的人却赢得最厉害。

妈妈：你知道灰姑娘为什么能够逆袭成功吗？

快快：因为她虽然在逆境之中，但依然敢于梦想。

妈妈：对。

快快：妈妈，还有呢？

妈妈：她还善于寻求帮助。你想，一个人的力量总是微弱的。当后母刁难她，让她把灰堆里的豆子全部拣出来才让她参加舞会时，如果仅仅靠她自己，那是不可能完成的。所以，她就叫来了白鸽和斑鸠来帮助她。

快快：还有呢？

妈妈：还有就是她有强大的抗压能力。

快快：什么是抗压能力？

妈妈：就是抗打压的能力，也是心理的承受能力。你看，后母一直在打压她，两个姐姐欺负她。如果受不了的人，都有可能自杀了。但是她依然坚强地活着。她也没有跟后母对着干，因为跟后母对着干，只能让后母变本加厉。所以她默默忍受着，任劳任怨，这证明她有极强的忍耐力。这些都是她逆袭成功的原因呀。如果她忍受不了委屈，吃不了苦头，灰心失意，没有梦想，她又怎么能成功呢？

快快：灰姑娘太不容易了！

妈妈：所以生活大大地赏赐了她，让她赢得了一份美好的爱情。

快快：妈妈，灰姑娘为什么这么懂事，这么能干？她后母生的那两个姐姐怎么这么坏，这么没用呢？

妈妈：这就是家庭教育在起作用了。灰姑娘这么懂事、能干，说明她的亲生妈妈对她有着严格而有爱的教育。而后母生的那两个姐姐肯定从小娇生惯养、趾高气扬的，没有礼貌，没有教养。你看，后母一天到晚让灰姑娘干活，从来不让自己的亲生女儿干活。

快快：妈妈，严是爱，宠是害。

妈妈：是啊。

妈妈贴士

《灰姑娘》是一个励志故事。当人处在困境之中，觉得暗无天日的时候，很容易灰心失意，失去希望和梦想。但是,《灰姑娘》的故事告诉我们：只要你足够坚强，足够聪慧，你一定能够从灰堆之中走出来，走向光明灿烂的未来。所以说，任何时候都不要失去信心，不要丢失梦想。梦想就是我们的护身符，会在艰难险阻中保护我们；梦想就是我们的指南针，会在黑暗困顿之中，让我们找到方向。

妈妈导读

《快乐王子》是英国唯美主义作家奥斯卡·王尔德创作的童话作品，讲述了生前不知忧愁为何物的快乐王子死后目睹人世间种种苦难，和燕子牺牲自我帮助他人的故事。他的童话语言华丽唯美，情节纯真生动，能让读者在为真善美感动的同时，也会因为体会到美丽童话背后凄婉唯美的实质而落泪。可以这么说，读王尔德的童话，是美的享受，也是爱的洗礼。

读《快乐王子》

“以前在我有颗人心而活着的时候，”雕像开口说道，“我并不知道眼泪是什么东西，因为那时我住在逍遥自在的王宫里，那是个哀愁无法进去的地方。白天人们伴着我在花园里玩，晚上我在大厅里领头跳舞。沿着花园有一堵高高的围墙，可我从没想到围墙那边有什么东西，我身边的一切太美好了。我的臣仆们都叫我快乐王子，的确，如果欢愉就是快乐的话，那我真是快乐无比。我就这么活着，也这么死去。而眼下我死了，他们把我这么高高地立在这儿，使我能看见自己城市中所有的丑恶和贫苦，尽管我的心是铅做的，可我还是忍不住要哭。”

——《快乐王子》

快快：妈妈，太感动了。都怪作者，题目叫“快乐王子”，却写得这么悲伤！我都差点哭了。

妈妈：为什么想哭呀？

快快：你看，快乐王子把剑柄上的红宝石给了穷苦的裁缝，她孩子还生了病；把蓝宝石做的一只眼睛给了又冷又饿的编剧，把蓝宝石做的另一只眼睛给了卖火柴的小女孩；最后把全身的金片都分给了那些穷人们。他自己什么也没有了，还被嫌弃，说他丑陋不堪。

妈妈：真够悲伤的。

快快：还有那只小燕子。妈妈，那只小燕子，多么善良，多么好啊！是它帮助快乐王子把红宝石、蓝宝石，还有金片送给那些穷困的人的。它是要到埃及去过冬的，但是它陪了快乐王子一天又一天，最后还被快乐王子感动了，就不走了。终于死在了快乐王子的脚下。多么傻的一只燕子！

妈妈：这篇童话真的写得很唯美，甚至可以说是凄美。这篇童话有一种悲剧美。

快快：妈妈，悲剧还美呀？

妈妈：当然啦。你看，我们都深深地被《快乐王子》的故事打动了。快乐王子和小燕子助人为乐的精神让我们学会思考什么才是真正的快乐，让我们的心灵得到了洗礼和净化。这难道不是一种美吗？

快快：妈妈，什么才是真正的快乐？

妈妈：你想想？其实这篇童话也从另一个角度跟我们探讨了快乐的意义。快乐到底是什么？你看，快乐王子一开始快乐吗？

快快：快乐呀。他是王子嘛，住在王宫里，不愁吃不愁穿，白天在花园里玩玩，晚上在大厅里跳跳舞。金碧辉煌的、亮闪闪的王宫啊，无忧无虑，要多快乐有多快乐！

妈妈：哈哈，你是不是很羡慕呀？还不用写作业。

快快：这个嘛，我现在也挺快乐的。作业只要不是太多，写起来也还快乐的。

妈妈：但你有没有发现，这种快乐其实是很肤浅，也很低层次的。

快快：为什么？

妈妈：这种快乐只与他自己有关，并没有其他人因为他的快乐而得到快乐。

快快：那他后来把蓝宝石、红宝石、金片全给了别人，自己什么都没有，反而更快乐？

妈妈：你有没有觉得快乐王子在成为雕像之后，才变得成熟了、像个王子了？或者说才像个真正的王子了？

快快：真正的王子是怎样的？

妈妈：真正的王子心里装着天下。他看得见老百姓的疾苦，并为此而忧心忡忡。

快快：而不只是自己快乐就行了？

妈妈：对啊，王子对于臣民是有职责的。

快快：他应该保护自己的臣民。为人民服务！妈妈，我们语文课刚刚上了《为人民服务》。

妈妈：这个课文，妈妈小时候也学过。

快快：那他后来真的成了真正的王子了！

妈妈：是的，所以那才是真正的快乐。

快快：那我们不是王子的人呢？

妈妈：也要学会关心爱护别人呀。看见穷苦的人，也要尽量帮忙。这样，你就是对社会有用的人。你自己也会很有成就感，而有了更深层次的快乐。不然，只是图自己享受，那快乐是很有限，也很短暂的。

快快：妈妈，我知道答案了，什么才是真正的快乐。

妈妈：什么？

快快：助人为乐才是真正的快乐。像快乐王子，像小燕子，他们都是助人为乐的人。他们才是真正的快乐，大大的快乐。

妈妈：是呢。

快快：但是他们却失去了那么多！快乐王子失去了眼睛，失去了宝石和金片，小燕子失去了生命。我还是忘不了这只小燕子。它多么多么想到埃及去呀，它一遍又一遍向快乐王子描述它的同伴们在旅行途中发生的美妙而欢快的事情，还有那些美丽的景色。可是，它再也不能到那些它向往的地方去了。

妈妈：他们在失去那么多的时候，内心还是快乐的，因为他们为别人的快乐而快乐。这样的快乐是带着悲剧美的，那是一种更为广博、深沉、永久的快乐。

快快：妈妈，那是带着泪，带着爱的快乐。

妈妈：说得真好！

妈妈贴士

“快乐是什么”就好比“幸福在哪里”，同样是一个值得我们长时间思考的问题。看《快乐王子》的过程就是一个很好的思考的过程。童话也可以写得很沉重，很悲伤。因为轻松固然让人舒服，沉重却能够带人进入更深远更辽阔的境地。是的，孩子也需要这样的沉重。因为，谁也不能拒绝成长。快乐王子和小燕子的故事，让我们懂得了真正的爱，是你倾其所有都一定要去做并为之感到无比快乐的事。爱别人，是我们的需要。这种需要，让我们快乐。

妈妈导读

《渔夫和金鱼的故事》是用叙事诗写成的童话故事。作者普希金是俄罗斯伟大的民族诗人，是俄罗斯现实主义文学的奠基人，是俄罗斯文学语言的创造者，更是19世纪世界诗坛的一座高峰。故事中的老太婆总是不满足，向小金鱼提出了一个又一个的要求。老太婆无休止的追求变成了贪婪，从最初的清苦，继而拥有辉煌与繁华，最终又回到从前的贫苦。故事告诉我们：追求好的生活没有错，但是要适度，而且要通过自己的努力与奋斗去获取，过度贪婪、坐享其成的结果必定是一无所获。

读《渔夫和金鱼的故事》

老头儿回到老太婆那儿。
他看到什么呀？一座高大的楼房。
他的老太婆站在台阶上，
穿着名贵的黑貂皮坎肩，
头上戴着锦绣的头饰，
脖子上围满珍珠，
两手戴着嵌宝石的金戒指，
脚上穿了双红皮靴子。
勤劳的奴仆们在她面前站着，
她鞭打他们，揪他们的额发。

——《渔夫和金鱼的故事》

快快：天哪，太恐怖了！这个老太婆！永远都不会满足！妈妈，金鱼还是太仁慈了，它其实并没有惩罚老太婆，老太婆只是恢复了原状而已，又没有死。

妈妈：金鱼确实很慈悲，就像观音菩萨一样。所以渔夫叫它“鱼娘娘”。

快快：就是嘛。一开始真是对她百依百顺，什么愿望都能满足。先是要个木盆，接着又要了木房子，还做了贵妇人，还不够，又做了女王，还不够，还要做海上的女霸王，让金鱼随时随地侍候她。这下子，金鱼生气了！才把她打回原形，还是坐在破房子前，拿着那个破木盆。妈妈，就像那首歌里面唱的“终点又回到起点”，画了个圈圈，又回到原地了。

妈妈：这确实挺讽刺的。

快快：黑色幽默。

妈妈：你觉得这个老太婆经历这件事情之后，会怎么度过余生？

快快：嗯，这个嘛，有N种可能！

妈妈：哦？说说看。

快快：第一种，她悔不当初，悔得肠子都青了。她想，我干嘛要当女霸王，想要统治金鱼呢？我当女王不就够了？已经够威风凛凛，呼风唤雨的了！哎，我干嘛要把金鱼弄生气了呢？我真是糊涂啊！哎，真是一步走错，一生都错呀！

妈妈：哈哈，口气学得还挺像。那第二种呢？

快快：第二种，她会狠狠地骂金鱼。“这死金鱼，是我老头子救了你好不好？如果我老头子不救你，你连命都没了。你给我当奴仆，总比没有命好吧。真是没良心啊！也不想着要知恩图报。这死金鱼，你不侍候我也没关系，你也不要把我变回来呀，你让我当女王，当贵妇人也好啊。呜呜呜，我真是穷够了！”

妈妈：哈哈哈，真是惟妙惟肖，没想到你还挺有表演天赋的呀。那第三种呢？

快快：第三种，她会狠狠地骂老头。

妈妈：哦，那是为什么？

快快：因为是老头救了金鱼呀。要是老头没有救金鱼，就没有这段故事了，老太婆也不会得到羞辱了。人，一直贫穷并不可怕，最可怕的是曾经辉煌过，现在却什么也没有了。你想想看，老太婆肯定恼羞成怒。

妈妈：哇，这个道理你都懂，还说得头头是道的。有意思。

快快：这句话，我是从一本书上看来的。

妈妈：那还有其他可能吗？

快快：当然有。第四种可能，老太婆真心悔改了。她安安分分地度过余生。不抱怨家里穷，跟老头子好好地过日子。因为经历了这一切之后，她也看穿了。贵妇人也当过了，女王也当过了。也算曾经风光过了，那就回归平淡吧。

妈妈：嗯，这个结局真好。

快快：妈妈，你说人为什么这么贪心呢？

妈妈：贪、嗔、痴是人性的三大弱点啊。贪就是贪婪，嗔就是怨怒，痴就是痴傻，看不清真相。

快快：怪不得人们说知足常乐。不贪才能快乐。

妈妈：是呢，但是要做到知足很不容易。

快快：为什么？

妈妈：知足需要一颗平常心。但是人们大多都是向往更富、更好的生活的。

快快：这也没有错呀。

妈妈：是没有错，而且还需要表扬。但是过分追求就不对了，或者在追求自己的利益的同时损害了别人的利益，那就更不对。

快快：妈妈，就是你说过的，过犹不及。

妈妈：快快，如果是你救了金鱼，金鱼可以满足你所有的愿望，那么你会有哪些愿望？

快快：这个还不简单？我要作业少一点，玩的时间多一点。我要去全世界旅游，最好还能到月球上去看一看。对了，那个红色的跑车好看极了，坐在上面多拉风啊！还有，我要暑假变成三个月，四个月也行。还有……

妈妈：你看，你看，还说别人贪心，我看你也够贪心的。

快快：但我会通过自己的努力去实现的。没有金鱼帮忙也没有关系。我这个叫作梦想，不是贪心，妈妈。

妈妈：嗯，梦想总是要有的。

快快：幸好生活不是童话啊！

妈妈：哦？此话怎讲？

快快：真的有这条有求必应的金鱼的话，说不定大家都会贪得无厌的。妈妈，你不是跟我说过“自己动手，丰衣足食”吗？

妈妈：对！一切都要靠自己。我们有手有脚，自己劳动；我们有头有脑，自己思考。靠自己，最踏实，也最可靠。

妈妈贴士

民间有很多俗语都是教人戒贪的：贪心不足蛇吞象，人为财死、鸟为食亡，吃着碗里的看着锅里的……贪婪的后果是非常可怕的，甚至会付出生命的代价。本来，生命对于人是最宝贵的东西，但是人却会因为贪婪而失去它。这是为什么呢？因为执迷不悟。贪欲使人灭亡。对于孩子来说，读一读这样的童话故事，不失为很好的警诫和教育。

妈妈导读

此篇选自阿拉伯民间故事集《一千零一夜》，又名《天方夜谭》。《一千零一夜》是在阿拉伯文化的沃土上孕育而成的多民族文化交融的产物，这部文学名著汇集了各种各样的神话传说、寓言故事，情节诡谲怪异，奇幻莫测，优美动人，扣动着世界各国读者的心，焕发出经久不衰的魅力。因其内容丰富，规模宏大，故被高尔基誉为世界民间文学史上“最壮丽的一座纪念碑”。

读《阿拉丁和神灯的故事》

阿拉丁凭着机智与勇敢战胜了两个劲敌，粉碎了魔法师兄弟俩的罪恶阴谋，摆脱了危害，从此同白狄奴·卜多鲁公主开始了他们无忧无虑、快乐幸福的生活。几年之后，皇帝逝世，阿拉丁继承了帝业。白狄奴·卜多鲁公主做了皇后。他们秉公正直地处理国事，受到百姓的拥护和爱戴。这以后，阿拉丁和白狄奴·卜多鲁公主夫妻俩一直相亲相爱，白头偕老。

——《阿拉丁和神灯的故事》

快快：妈妈，这故事，太天方夜谭了！

妈妈：哈哈，这个故事就是选自《天方夜谭》，也叫作《一千零一夜》。我们现在都把“天方夜谭”当作形容词用了，表示一件事情千奇百怪，令人匪夷所思。可见，《天方夜谭》里面的故事真是深入人心啊！

快快：《一千零一夜》我知道，国王要杀少女，一天杀一个。宰相的女儿为了拯救天下女子，自己嫁给国王，每天晚上给他讲故事，用故事来吸引国王。讲到天亮的时候还没有讲完，国王觉得很好听，就没有杀她，让她第二天晚上接着讲。就这样，且听下回分解，又且听下回分解，讲了整整一千零一夜，国王终于被感动了，与她白首偕老。妈妈，太可怕了，简直是在拿生命讲故事啊！

妈妈：哈哈。是呀。一旦这些故事讲得不好听、不生动，马上要被杀头的呀。这个宰相的女儿真是讲故事的高手呢！

快快：我也喜欢听。妈妈，如果你也给我讲满一千零一夜的故事，那我也成了国王了。每天晚上听个故事再睡，真是太美好了。

妈妈：何止一千零一夜，从小到大，爸爸妈妈给你讲的故事还少吗？你早就是个富有的小国王了。

快快：哎，如果我也有一盏神灯就好了！有了神灯，就等于有了一切。想要什么就有什么，想干什么就能干什么。

妈妈：你想要什么？

快快：我每天都会擦擦神灯，跟它说，快点帮我和同学们写作业！要写得跟我和同学们写的一模一样，不要让老师看出来。帮我妈妈烧饭，烧出各种美味的食物。帮我爸爸赚钱，让我们家的钱越来越多，花也花不完。神灯就会说，是的，主人。请闭上眼睛，你的愿望马上就能实现。

妈妈：醒醒，醒醒。别做白日梦了！

快快：哎，为什么现实中没有神灯呢？

妈妈：神灯就这么好？

快快：当然啦。你看，阿拉丁从小混混到大国王，出任“CEO”，迎娶“白富美”，这是一个小人物多么传奇的逆袭啊！一切都是因为有了神灯。神灯就是神奇的灯，就是神一样的存在。

妈妈：哈哈，看把你给羡慕的！人家当的可是国王，那可不是一般的“CEO”，人家娶的可是公主，那也不是一般的“白富美”。

快快：所以呀！你看，是不是神一样的存在啊？

妈妈：确实很神奇。但你有没有想过，阿拉丁自从有了神灯之后，他的人生也是跌宕起伏，甚至九死一生的呢。

快快：那倒是的。魔法师和老国王都差点杀了他。公主也被魔法师抢走。如果没有智慧和勇敢，他也活不到最后一集，也当不了国王了。

妈妈：所以说，我们也要看到阿拉丁自身的素质和修养，那是他成功的核心。神灯是起到了如虎添翼的作用。

快快：我想想，嗯，阿拉丁一开始是个游手好闲的小混混，父母对他极其失望。后来经历了磨难之后，渐渐地变得懂事了。而且他有了神灯之后，也不是乱提要求，而是很知足。

妈妈：对呀，他只要他和妈妈能吃饱就行了。神灯就变了很多美好的食物和杯盘给他们。因为家里穷，他会拿杯盘去换点钱，贴补家用。

快快：然后发现盘子是金子做的！神灯太慷慨了！

妈妈：哈哈，我发现你眼睛里写满了“$”！

快快：后来神灯还给了他无穷无尽的珠宝，还有金碧辉煌的宫殿！比老国王的宫殿还要大，还要美。

妈妈：你记不记得，神灯被魔法师骗走，宫殿不见了，公主也被掳走，老国王要杀阿拉丁？

快快：记得。

妈妈：而阿拉丁为什么还活着？

快快：因为老百姓救了他，老百姓不让老国王杀他。

妈妈：老百姓怎么对老国王说的？

快快：老百姓对老国王说，假若阿拉丁稍微受到一点危害，我们即刻夷平你的宫殿，把你和其他的人通通埋葬在里面。

妈妈：这说明什么？

快快：这说明老百姓要造反了，如果老国王杀了阿拉丁的话。

妈妈：哈哈哈。

快快：这说明老百姓十分爱戴阿拉丁。因为阿拉丁平时为人慷慨，善良，同情穷人，所以博得了他们的尊敬和爱戴。

妈妈：所以关键时候不是神灯救了阿拉丁，而是阿拉丁自己救了自己。这才是阿拉丁最大的人格魅力。阿拉丁爱百姓，爱人民，所以百姓也爱阿拉丁。

快快：如果阿拉丁不爱百姓，那百姓才懒得救他呢！

妈妈：是呀。

快快：如果你趾高气扬，虐待百姓，百姓巴不得你被杀头呢！

妈妈：就是。

快快：不过话说回来，神灯就是威武！

妈妈：其实，每个人都有一盏神灯，不用去羡慕阿拉丁的神灯。

快快：在哪里？在哪里？

妈妈：就是每个人的一双手啊。擦擦双手，就像擦擦神灯，你的愿望就能实现。

快快：妈妈，我懂了！自己动手，丰衣足食！只要努力创造，梦想就会开花。

妈妈：哈哈，孺子可教也！

妈妈贴士

童话故事里总有各种各样的超能力。这一盏无所不有、无所不能的神灯令多少孩子向往！这也反映了孩子渴望强大、渴望力量的心理。每个孩子都有英雄梦。而现实中，我们都是肉身凡胎，没有半点特异功能。这会不会令每个长大以后的孩子失落？我们应该告诉孩子：英雄并不一定都会飞。其实，只要坚守梦想，努力追求，你就拥有了无尽的力量。只要与人为善、乐于助人，你就成了发光发热的英雄。飞，并不一定两脚离地。飞，是升腾起来的理想与爱。

妈妈导读

冰心，原名谢婉莹，笔名冰心，取“一片冰心在玉壶”之意。现代著名诗人、作家、翻译家、儿童文学家。主要作品有诗集《繁星》《春水》，散文集《寄小读者》《再寄小读者》，儿童文学集《小桔灯》等。冰心的语言既有白话文的流畅、明晰，又有文言文的洗练、华美，被称为“冰心体”。《小桔灯》从小处着手，由表及里，由浅入深，层层推进，将一个早熟、坚强、勇敢、乐观、善良、富于内在美的乡村贫苦少女的形象描绘得有血有肉。

读《小桔灯》

炉火的微光渐渐地暗了下去，外面变黑了。我站起来要走，她拉住我，一面极其敏捷地拿过穿着麻线的大针，把那小桔碗四周相对地穿起来，像一个小筐似的，用一根小竹棍挑着，又从窗台上拿了一段短短的蜡头，放在里面点起来，递给我说：“天黑了，路滑，这盏小桔灯照你上山吧！”

——《小桔灯》

快快：妈妈，这个小姑娘好有创意啊！我也想做一盏小橘灯！

妈妈：哈哈，好呀。你知道怎么做吗？

快快：书上不是已经写得很清楚了吗？拿一个大橘子，用小刀在上面部分的橘皮上划一个圈，去掉上面部分的橘皮。

妈妈：然后呢？

快快：然后小心地把全部的果肉取出来，吃掉，哈哈。这样不就剩下一个小橘碗了么？

妈妈：小橘碗里盛点米饭？

快快：晕啊，妈妈。盛点烛光！取一小段蜡烛，放进去。

妈妈：蜡烛怎么放进去，要倒的呀。

快快：先把蜡烛点上，然后滴几滴蜡烛油在橘皮的底座上，然后再把蜡烛放上去，这样就粘在一起了，不会倒了。

妈妈：哇，你挺懂的呀。

快快：那是。

妈妈：接着呢？

快快：接着在小橘碗的四周对称地戳四个洞，各拿一根绳子穿起来，再把四根绳子打一个结，穿在一根小竹棍上。提着小竹棍走一个，小橘灯发出了温暖的光。

妈妈：可是这个灯并不很亮，作者说的。

快快：妈妈，你懂不懂？虽然小橘灯不是很亮，但总比漆黑一片好吧。小橘灯是光亮，也是温暖。

妈妈：哦，原来是这样。

快快：你看，作者跟这个小女孩是完全陌生的，小女孩也不认识作者。但是她们之间的感情多么温馨啊。就是这盏小橘灯见证了她们之间的感情。小女孩的妈妈生病了，作者买了橘子去看她妈妈。作者要回来了，小女孩做了小橘灯给作者照路。这个"小橘灯"太有创意了！

妈妈：咦，你一开始不就赞叹过了吗？

快快：我刚才是赞叹这个小橘灯做得好，很有创意。现在呢，我是赞叹"小橘灯"使得整篇文章都温馨了起来。妈妈，"小橘灯"在这里还象征着光明。

妈妈：哦？象征你都知道？

快快：象征就是借助外物抒发思想感情呀。你看，小女孩家的现状不就是一片漆黑吗？爸爸被抓走了，妈妈生重病，还吐血了。如果换成其他小女孩，早就哭晕过去了。但是她非常乐观、坚强。妈妈，其实她就是家里的一盏小橘灯。

妈妈：说得好！虽然她是个小孩，但是她的意志非常坚强。在困难面前绝不低头，也不慌乱。相反，她很坚定地相信，大家都会好起来。

快快：所以，她就是小橘灯，就是光明。

妈妈：对。虽然小橘灯小小的，柔柔的，它的光并不太亮，但是有光就有希望。小女孩的精神值得我们歌颂和学习。

快快：妈妈，这个小女孩真能干！

妈妈：是啊，俗话说，穷人的孩子早当家。在困境中最能磨炼一个人的意志，也最能培养一个人的才干。

快快：你看，她照顾着妈妈，看妈妈病情加重，她不是被吓哭了，而是跑去打电话。她只有八九岁呀，比我还小。

妈妈：是呢，作为一个母亲，我看到这里，也很心疼。

快快：妈妈，她其实很可怜的。爸爸下落不明，妈妈生重病。家里也很穷，吃个红薯稀饭，就算是年夜饭了。

妈妈：但她有着非常美好的品质。小小年纪，成了家里的一把手，忙前忙后的。不怕吃苦，不怕困难，一点都不抱怨，还非常乐观。这个小姑娘真是有着一颗金子般的心啊！

快快：妈妈，本来是作者想安慰她一下的，没想到小女孩劝慰起作者来了。意思说，不用担心我们全家，一切都会好起来的。

妈妈：是啊，她简直就是降落到人间的天使，给人间带来美，带来爱。

快快：妈妈，这个天使与众不同，手里提着一盏小橘灯。

妈妈：哈哈，是呢。是一个多么可爱，多么温馨的天使啊。

快快：冰心奶奶的作品里，总是充满了美和爱。

妈妈：你说说看。

快快：比如说，她有一首小诗，是这样写的："小小的花／也想抬起头来／感谢春光的爱——／然而深厚的恩慈／反使他终于沉默／母亲呵！／你是那春光么？"妈妈，这首诗是写母爱的。是不是有满满的爱呀？小花感谢春光，孩子感谢母亲。

妈妈：对。冰心还有一篇小散文写母亲的，叫作《荷叶母亲》。

快快：我知道。"母亲啊！你是荷叶，我是红莲，心中的雨点来了，除了你，谁是我在无遮拦天空下的荫蔽？"

妈妈：真厉害，都能背呢。

快快：嘿嘿，我就是传说中人见人爱、花见花开、过目不忘、一目十行的小快快！

妈妈：哈哈哈，传说中自恋的小快快。

快快：妈妈，冰心奶奶的小诗、小散文都萌萌哒，很有爱。

妈妈：对了，我还想起一首她写母亲的小诗，题目叫作“纸船”。“母亲／倘若你梦中看见一只很小的白船儿／不要惊讶它无端入梦／这是你至爱的女儿含着泪叠的／万水千山／求它载着她的爱和悲哀归去”。我们来一起念一遍，好吗？

快快：好。

妈妈贴士

冰心的作品是爱的哲学，爱的颂歌，宣扬自然爱、母爱、儿童爱，也有对人民的同情，对人生的惆怅，对祖国、故乡、家人、大海的眷恋。其特点是情感真诚温柔，情绪雅致婉约，文字清丽畅达。巴金曾经这样说过：“有你在，灯亮着。一代代的青年读到冰心的书，懂得了爱：爱星星、爱大海、爱祖国，爱一切美好的事物。我希望年轻人都读一点冰心的书，都有一颗真诚的爱心。”

妈妈导读

《草房子》是作家曹文轩创作的一部长篇小说。小说的故事发生在油麻地，通过对主人公男孩桑桑刻骨铭心而又终生难忘的六年小学生活的描写，讲述了五个孩子，桑桑、秃鹤、杜小康、细马、纸月和油麻地的老师蒋一轮、白雀关系的纠缠和孩子们苦痛的成长历程。《草房子》的温情触及宿命、悲剧、死亡等形而上的母题，也可以在宁静、高雅的风气中抵达哲思的深度。

读《草房子》

鸽子们似乎知道它们的主人将于明天一早丢下它们永远地离去，而在空中盘旋不止。最后，它们首尾相衔，仿佛组成了一只巨大的白色花环，围绕着桑桑忽高忽低地旋转着。

桑桑的耳边，是鸽羽划过空气时发出的好听的声响。他的眼前不住地闪现着金属一样的白光。

1962年8月的这个上午，油麻地的许多大人和小孩，都看到了空中那只巨大的旋转着的白色花环……

——《草房子》

快快：妈妈，太感人了。看完之后，觉得心里满满的。

妈妈：最让你感动的是谁？

快快：当然是桑桑啦。他是第一主人公。故事就是由他串起来的。你看，无论写到秃鹤、纸月、白雀，还是秦大奶奶、杜小康、细马，还是温幼菊、蒋一轮，都要写到桑桑。

妈妈：那作者为什么几乎给每个人物都各写了一章，而不给桑桑单独写一章呢？

快快：因为桑桑已经无处不在了呀。在每一个写别人的章节里，桑桑都是重要的存在。所以就不需要单独写一章了。

妈妈：哦？说得好，有道理。他都怎么存在的呀？

快快：你看啊，蒋一轮老师和白雀谈恋爱的时候，是桑桑帮忙递纸条的对不对？

妈妈：对。少儿不宜啊！

快快：妈妈，大人谈恋爱很正常好不好？又不是早恋。

妈妈：对对。

快快：秦大奶奶是一个很难搞的人，占着自己的草房，不肯搬出学校。大家都讨厌她。可是桑桑却跟她很亲近。秦大奶奶去世的时候，桑桑还把自己的一绺头发拿去陪她下葬。这是多么深的感情呀！

妈妈：是啊，这一幕真令人动容。

快快：还有杜小康，桑桑跟他既是对手，又是朋友。桑桑跟细马也很好。跟纸月，跟秃鹤都很好。还有温幼菊，一个常年吃药的女老师，桑桑跟她也有着深深的感情。

妈妈：是的。桑桑跟每个人都有故事，都有感情。

快快：妈妈，越看到后面，越觉得桑桑都可以叫伤伤了。看得我好伤心啊！我真怕他死了。你看《药寮》这一章，桑桑得了怪病，大家都以为他要离开人世了。他越来越瘦，越来越弱。校长也就是他爸爸第一次带着他去打猎，希望他在临终之前能够高兴一下。桑桑也以为自己没有几天好活了，艰难地背着妹妹爬上城墙。因为他之前答应过妹妹要带她去城里玩。他跟妹妹的对话也让人非常伤感，看得我都哭了！

妈妈：是啊，整本书都蒙着一层淡淡的忧伤。

快快：什么淡淡的忧伤，分明是浓浓的忧伤。

妈妈：好吧。

快快：不仅桑桑带着浓浓的忧伤，里面所有的人都带着浓浓的忧伤。

妈妈：这是一本忧伤的书？

快快：是啊，这本书从头到尾都弥漫着忧伤。你看，温幼菊忧伤吧，她生过重病，天天熬药喝，以至她的寝室被蒋一轮命名为药寮。蒋一轮忧伤吧，他深深地爱着白雀，但是白雀嫁给了别人，他们俩一起演出的《红菱船》成为绝唱。白雀不忧伤吗？她长得那么美，唱歌那么好听，可是她的结局并不好。纸月全身都透着忧伤，她也很美，字也写得很好看，但她的出生就是她一生的耻辱，她是她妈妈跟一个和尚的私生女。杜小康从一个又有钱读书又最好的富二代沦落到没有书读，在学校门口摆小摊，这该多忧伤啊！细马就更不用说了，过继到大伯家，大伯死了，房屋倒塌了，穷得叮当响，只好天天放羊。唉，怎一个忧伤了得！

妈妈：你真能总结啊，厉害厉害。那秃鹤呢？

快快：秃鹤还不忧伤么？他从第一章开始就被全校同学耻笑，到最后一章了，他的头发还没有长出来。妈妈，换作你，你受得了么？

妈妈：哈哈。你真够替书里的人物担忧的。不过你这种读书法很好，把自己融入进去，与书中的人物同笑同哭，感同身受。你刚才说的忧伤没错，但这本书里的每个人物都泛着人性的光辉。你看出来了吗？

快快：什么叫人性的光辉？

妈妈：人性的光辉就是人性中的闪光点，人类灵魂深处的那份真善美，包括一些美好的品质和崇高的精神。落实在本书中，可以这么理解——你有没有觉得他们每个人即使处在浓浓的忧伤中，依然表现出了那份高贵和美。他们没有逃避，没有胆怯，而是勇敢地去承担，去努力，去奋斗，即使他们还只是小孩。

快快：有，妈妈，有！我觉得《草房子》到处闪烁着人性的光辉。桑桑以为自己得了绝症，马上就要死了。他没有哭，没有绝望，没有自暴自弃，在身体越来越弱的情况下，还坚持上学。其实他真的是在心里死过一次了，但他没有害怕过。

妈妈：你知道他为什么不害怕面对死亡吗？要知道他只不过是个十来岁的孩子。

快快：是温幼菊老师开导了他。对了，妈妈，

这也是人性的光辉。温幼菊也闪着人性的光辉。就像书中写的"文弱的温幼菊，给了他神秘的力量"。温幼菊给桑桑讲自己得重病的故事，并且唱歌给他听，叫他"别怕"。

妈妈：还有呢？

快快：还有杜小康身上也闪着人性的光辉。他家里败了之后，也没有一蹶不振，而是非常勇敢而坦然地在校门口摆摊。

妈妈：对呀，作为一个曾经的油麻地首富的儿子，他的生活落差太大了。但他没有悲戚戚，而依然坦荡荡。这已经称得上是君子了。你要知道，他也只有你那么大呀。

快快：真了不起！

妈妈：你再想想，还有谁也泛着人性的光辉？

快快：让我想想。对了，秃鹤！秃鹤老是被人嘲笑，所以他非常痛恨同学们，时常报复同学们。但是，当学校的文艺汇演需要一个秃子角色时，他毫不犹豫地挺身而出，而且认真参演，获得了成功。这也是光辉呢！

妈妈：是呀，所以秃鹤也赢得了同学们的尊重。

快快：妈妈，秦大奶奶身上也亮闪闪。你看，油麻地小学本来是她家的地，后来她失去了这片土地，非常伤心，赖着不走，谁劝都没用。但是，到最后，她还是主动离开了这里，这等于为学校做出了贡献。

妈妈：是的。所以全体师生都那么尊敬她。

快快：还有纸月、白雀、蒋一轮也泛着光辉。

妈妈：现在你还觉得忧伤吗？

快快：还是有一点，但更为他们的光辉感动。

妈妈：是啊，这就是好书的力量。

妈妈贴士

曹文轩纯美小说，美的是氤氲的水汽，美的是自然风光，美的是行云流水的文风，更是作品中人物的美好心灵。2016年，曹文轩获得国际安徒生奖。国际安徒生奖被誉为“儿童文学的诺贝尔文学奖”，是世界儿童文学领域的最高荣誉。而曹文轩是获此殊荣的第一个中国人。国际安徒生奖评委会主席这样评价：“曹文轩的作品书写关于悲伤和苦痛的童年生活。他的作品也非常美丽，树立了孩子们面对艰难生活的挑战的榜样，能够赢得广大的儿童读者的喜爱。他用诗意如水的笔触描写着原生生活中一些真实而哀伤的瞬间。”

妈妈导读

汤汤，儿童文学作家。作品曾获浙江省优秀文学奖、冰心儿童文学奖、陈伯吹儿童文学奖、全国优秀儿童文学奖等，出版有短篇童话集《到你心里躲一躲》《别去五厘米之外》等，中篇童话《喜地的牙》《谷子遇见豆子》等，长篇童话《流萤谷》《睡尘湖》等。汤汤用轻灵清澈、简洁干净、略带幽默的语言将至死不渝的爱、执着的等待、对誓言的坚持、坚韧无私的友情等孩子们不太容易理解的主题轻松而准确地表达出来。

读《水妖喀喀莎》

脚下的泥土颤动起来，像土豆一样兴奋。

“它们到了！它们到了！”水妖们喊道。

正是月亮当头，天地间一片莹白。只见一道道干涸的口子里，一瞬间涌出朵朵白花。她们停下了歌唱，转着圈四处望，目之所及，月亮底下，遍地咕嘟咕嘟地绽放白花，有的花大，有的花小，有的恰似雪莲，有的胜过白牡丹。还有的竟冲到半空中去，像一株巨大的白树，有枝有杈，又像是白色的焰火，哗啦啦倾泻而下。

——汤汤《水妖喀喀莎》

快快：哇，一开始还以为是恐怖片呢！水妖，就是水里面的妖精呀！吓坏宝宝了。

妈妈：哈哈，这确实是一个鬼故事。汤汤最擅长写鬼故事了。但汤汤笔下的鬼一点也不可怕，相反很可爱。那些鬼，都是精灵，很善良，很温暖。

快快：那不是儿童版《聊斋志异》吗？《聊斋志异》里面都是鬼故事。

妈妈：也可以这么说。汤汤的鬼故事已经成为汤汤童话的一个重要标志。

快快：妈妈，这也是一个有关牙疼的故事。“牙疼不是病，疼起来真要命”，对吧？妈妈。

妈妈：对的呢。噗噜噜湖干涸了，水妖们也无法在湖里生存了，只能暂时离开。离开了噗噜噜湖的水妖们，

嘴巴里都长出了一颗新牙齿。只有等到有一天这颗牙齿变成了蓝色，噗噜噜湖才能重生。

快快：可是，这一等，就等了一百多年。

妈妈：是啊，这是一个关于坚守和等待的故事。汤汤说过，写完《水妖喀喀莎》的时候她想到，这世界上不是有很多人都像拔了牙齿的水妖吗？他们曾经内心清澈，目光笃定，怀着美好的情怀和梦想踏上人生之路，可是在现实生活的磨砺和侵蚀里，他们渐渐忍受不住追求路上的孤独和辛苦，于是放弃了，遗忘了，慢慢过起了最庸常的日子，就像拔了牙齿的水妖忘记了噗噜噜湖。喀喀莎说："它是一颗牙齿，又不仅仅是一颗牙齿。"

快快：这颗牙齿就是试金石。试试看，谁能够坚持到最后。

妈妈：说得太好了。这颗牙齿经受了重重历练，它变成火焰的颜色，灼烫难忍；它又变成冰的颜色，透心的寒冷。这都是在考验喀喀莎呀。

快快：直到后来才变成蓝色，就像一颗世间最美丽晶莹的蓝宝石。

妈妈：对呀，牙齿变蓝，意味着噗噜噜湖就要重生了。因为湖水的颜色就是深蓝深蓝的。可是为了这一刻，喀喀莎经受了多少磨难呀。

快快：十个离开的水妖，只有喀喀莎坚持到最后。如果没有喀喀莎，噗噜噜湖也不可能重生。

妈妈：你要知道她承受了多么大的痛苦，付出了多么大的代价呀。

快快：嗯，等了一百多年，她又老又丑，寄居在南霞村，除了土豆，大家都不理她，最后还赶走了她。

妈妈：是呀，这种孤独不是一般人能承受的。

快快：那她是靠什么承受下来的？

妈妈：信念。

快快：就是相信噗噜噜湖一定会重生？

妈妈：对。

快快：不但承受了孤独，她还承受了疼痛。在没有月亮的晚上，那颗牙齿都会疼。

妈妈：是的，另外九个水妖就是因为承受不了无休止的疼痛，才拔掉牙齿，忘掉噗噜噜湖，也忘掉了自己的信念和使命。

快快：她们就不是英雄妖，只是普通妖。

妈妈：是呀，英雄毕竟是少数。所有英雄的光环下都是疼痛和苦难。

快快：嗯。

妈妈：所以，喀喀莎这个鬼怪妖精不但是可爱的，而且是可敬的。

快快：其实，是人、是妖，已经不重要了。

妈妈：说得对。

快快：因为人也有好人和坏人，厉害的人和普通的人。妖也有好妖和坏妖，也有英雄妖和胆小鬼妖。像喀喀莎，就是好妖，英雄妖。

妈妈：哈哈，有意思。

快快：我觉得另外九个水妖就由她们在人间过着普通的日子算了，为什么把她们召唤回来？谁让她们坚持不到最后呢？

妈妈：噗噜噜湖仅有一两个水妖是不够的呀。这九个水妖并不是坏妖，她们只不过没有喀喀莎这么坚定、勇敢。对于这九个水妖，作者是理解并且宽容的。而且，在知道了喀喀莎的经历之后，她们一定会为自己的退缩感到惭愧，在往后的日子里，一定会向喀喀莎学习的。

快快：妈妈，土豆也很了不起。她不是妖，但她也像喀喀莎一样勇敢、大胆。

妈妈：土豆是一个纯真、善良的小姑娘。只有她抛开偏见，到喀喀莎的小屋听喀喀莎讲故事，她拔水草给喀喀莎吃，在喀喀莎牙疼的时候安慰她。

快快：最后也是靠了土豆的帮助，喀喀莎才能回到噗噜噜湖。

妈妈：是的，人与妖建立起了深厚的友谊，也有了共同的理想和信念。

快快：我真希望这个世界真的有噗噜噜湖和喀喀莎。我也想和喀喀莎做朋友，跟着她到噗噜噜湖去。噗噜噜湖肯定是蓝蓝的，柔柔的，美丽极了。

妈妈：哈哈，只要你相信，它就存在呀。每个人的心中都有一个噗噜噜湖。每个人都向往这样一个圣洁、美丽、充满理想和爱的地方。

快快：妈妈，就像桃花源一样的。

妈妈：是的。这么美的地方，需要我们时时坚守。

快快：即使疼痛也不放弃。

妈妈：即使孤独也不放弃。

快快：即使一百多年过去了也不放弃。

妈妈：永远永远都不放弃。

妈妈贴士

汤汤擅长写鬼，而她笔下的鬼，都怀揣着一颗超乎人性的慈悲之心：有为治疗失眠症，倒挂烟囱88年，与小姑娘共同经历友情、爱情、生死的失眠鬼蓝绸缎（《烟·囱》）；有善良的、期待获得友情的女鬼阿四（《鬼牙齿》）；有用打麻花辫的借口，让病中的女孩获得了生的希望的鬼枣子（《给枣子打麻花辫》）；有在不经意中突破禁忌，却发现所有的禁忌并没什么实际威力的小妖阿紫阿蓝（《别去五厘米之外》）；有将所有温暖与爱给了孩子的傻路路（《到你心里躲一躲》）。谁说鬼不比人可爱呢？你愿不愿意跟这样可爱的鬼做朋友呢？

妈妈导读

任溶溶，著名儿童文学翻译家、作家。任溶溶能翻译俄、英、意、日等多种语言。他翻译过许多外国儿童文学作品，如普希金童话诗、意大利童话《木偶奇遇记》、英国童话《彼得·潘》、瑞典童话《长袜子皮皮》等。任溶溶也是一位深受小读者欢迎的儿童文学作家。他的儿童文学作品写得自然、亲切、风趣、幽默。创作有《小孩子懂大事情》《给巨人的书》等儿童诗集，还有童话《没头脑和不高兴》《一个天才杂技演员》等。

读《没头脑和不高兴》

这孩子常上我家串门。玩了半天，走了。我把门刚给关上，蓬蓬蓬，外面敲门了。我开门一看，原来是没头脑。“对不起，我书包给忘了。”他一边脱帽子、手套，一边进屋子找书包。他找到书包，走了。

我把门刚给关上，蓬蓬蓬，外面又敲门了。我开门一看，还是没头脑。“对不起，我帽子给忘了。”他进屋找到帽子，走了。

我把门刚给关上，蓬蓬蓬，外面又敲门了。这回我把门打开，也不看是谁，就把一副手套塞出去：“没头脑，你的，拿去！”我进屋子一看，那不是他的书包吗？多半他回来找帽子，又把书包给丢下了。

——《没头脑和不高兴》

快快：哈哈哈，这没头脑也太逗了！拿了这个又丢了那个。他的那些东西，什么书包呀，手套呀，帽子呀，都在跟他捉迷藏呢！

妈妈：你想想看，你小时候丢过东西没有？

快快：嗯，我丢过雨伞，丢过杯子，还丢过围巾、手套、帽子。

妈妈：哈哈，你看，你也跟他差不多呀。

快快：对了，我还丢过金箍棒。

妈妈：对呀，丢过很多根金箍棒呢！爸爸妈妈给你买过多少根，数都数不清啦！

快快：妈妈，为什么小孩子容易丢东西？

妈妈：因为不长记性呀。老想着玩啊，闹啊，就忘了书包、手套、帽子了。

快快：那应该怎么办？

妈妈：所以妈妈就会一遍一遍唠叨，让你长长记性。

快快：可是唠叨也很烦呀。

妈妈：哈哈，教育有时候要顺着来，有时候要反着来。

快快：啊？什么时候顺，什么时候反？

妈妈：孩子纯真、可爱的天性

要保护，要顺着来。

快快：那什么时候要反着来？

妈妈：贪玩、迟到、上课不守纪律、不爱写作业，甚至欺负别人，这些时候，就要反着来。父母和老师就要给孩子讲道理、做规矩，不能由着孩子的性子乱来。

快快：这也是为了孩子好。

妈妈：对呀。不然，一个孩子没有纪律，没有约束，长大了就会目无尊长、无法无天，甚至违法乱纪，危害社会。

快快：这么可怕呀！

妈妈：那可不？你看这些坑蒙拐骗、贩卖小孩的坏人，他自己也曾经是小孩呀。就是因为没有得到及时有效的教育，所以成了对他人和社会有害的人。

快快：小毛病不改就会成为大毛病。小坏事继续做，就会成为大坏事。

妈妈：是呀。所以，没头脑如果不改的话，也是很可怕的。

快快：妈妈，他只是丢了帽子、书包什么的，没这么可怕吧？

妈妈：你还记得上次新闻里面说，一个医生在做手术的时候，把手术刀落在病人的肚子里了。结果，病人痛不欲生。到医院一检查，才知道原因。你说，这可怕不可怕？

快快：天哪，细思极恐！这医生也太马大哈了。真可怕！

妈妈：这医生就是长大了的没头脑啊！

快快：没头脑，真可怕。

妈妈：是呀，脑袋长头上，就是要你思前想后、三思而行的。怎么可以拍拍脑袋，随便乱来呢？如果当官的没头脑，就会害了百姓；如果经商的没头脑，就会生意亏空；如果当老师的没头脑，就会误人子弟。

快快：妈妈，那如果不高兴一直不改呢？

妈妈：那也相当可怕呀。

快快：如果他是建筑工人，房子造到一半，不高兴造了，那不是前面的都白造了吗？如果他是理发师，理发理到一半，突然不高兴理了，那谁还会找他理发呢？如果他是飞行员，飞到半空中，不高兴飞了，那可真是要命了。

妈妈：就是呀。所以，一个人管理好自己的情绪是非常重要的。

快快：就是妈妈说的，要有心灵的秩序。

妈妈：对。你看，北斗七星有秩序吧？一年四季，春夏秋冬，也很有秩序。

快快：太阳白天升起来，傍晚落下去，也很有秩序。

妈妈：秩序就是规律。

快快：也是纪律。

妈妈：说得好！有了纪律，才能做好事情。

快快：如果上课的时候，同学们交头接耳、叽叽喳喳地说话，老师还怎么上课啊？

妈妈：如果军队里面人心涣散，高兴就来，不高兴就走，还怎么练兵打仗啊？

快快：看来，没头脑和不高兴真的很可怕。

妈妈：没礼貌和不小心也很可怕。

快快：没礼貌的人大家都不愿意理睬他，不愿意帮助他。经常不小心，也会犯下大错误。

妈妈：是呀。

快快：没商量和不坚持也很可怕。

妈妈：怎么讲？

快快：没商量就是自己说了算，都不跟大家商量，没有合作精神。不坚持就是半途而废，不能够坚持到底。

妈妈：哈哈。说得很棒！你都能举一反三了！

妈妈贴士

“我叫任溶溶，其实我不叫任溶溶。我家倒真有个任溶溶，那是我女儿。”任溶溶在一篇文章的开头，说出自己名字的秘密——任溶溶这个名字，是他跟女儿借来的。在刚从事儿童文学创作之初，他经常需要用到很多笔名，那时恰逢女儿出生，喜不自禁的任溶溶索性将女儿的名字拿来给自己用。所以他家有两个任溶溶。他说：“人的一生总会碰到各种各样的机缘，这是不是像一个童话呢？为了让小朋友和儿童文学作家多看点外国儿童文学作品，我就译啊译，译得越多越好！我生下来就该干这一行，这一行也用得着我！”你看，这是一位多么可敬又可爱的任爷爷啊！

妈妈导读

《小狼小狼》选自《狼图腾》，本书由几十个有机连贯的“狼故事”一气呵成，情节紧张激烈而又新奇神秘。那些精灵一般的蒙古草原狼随时从书中呼啸而出：狼的每一次侦察、布阵、伏击、奇袭的高超战术，狼对气象、地形的巧妙利用，狼的视死如归和不屈不挠，狼族中的友爱亲情，狼与草原万物的关系，倔强可爱的小狼在失去自由后艰难的成长过程，无不使我们联想到人类。作者姜戎说：“草原狼有着自由、独立、顽强、勇敢、不屈不挠的精神。愿你在阅读中经历一次难忘的灵魂漫游。”

读《小狼小狼》

突然，小狼长长的筒形身体和长长的毛茸茸大尾巴，像游龙一样地拱动了几下。陈阵心里暗暗一惊，他似乎看到了飞云飞雪里的狼首龙身的飞龙。小狼的长身又像海豚似的，上下起伏地拱动了几下，像是在用力游动加速……风声呼啸、白毛狂飞，小狼像一条金色的飞龙，腾云驾雾，载雪乘风，快乐飞翔。飞向腾格里、飞向天狼星、飞向自由的太空宇宙、飞向千万年来所有战死的蒙古草原狼的灵魂集聚之地……

那一刹，陈阵相信，他已见到了真正属于自己内心的狼图腾。

——《小狼小狼》

快快：哇，太震撼了！太震撼了！《小狼小狼》太震撼了！

妈妈：是够震撼的。

快快：妈妈，没想到作者把狼写得这么威武、勇猛、强大、厉害！

妈妈：你这四个词语，好像都是同一个意思哦！

快快：是啊，反正就是说狼是英雄。可是，狼明明是很坏的呀，又凶狠又毒辣，还很贪婪。你看，《小红帽》里面的狼差点把小红帽吃了。《狼和小羊》里面的狼，为了吃羊，找了许多借口。它在上游，羊在下游，它硬说是羊弄脏了河里的水。还有《喜羊羊和灰太狼》，那个灰太狼不也是整天想着抓羊吃羊吗？坏死了。

妈妈：这些故事里面的狼都已经带上了作者自己的感情色彩。而实际上，世界上的每一个物种都是平等的。换句话说，自然界需要生态的平衡。狼和羊，没有谁坏，也没有谁好。它们都有存在的必要。

快快：不过，这本书里的小狼还是挺可怜的。从小就离开了狼妈妈，被陈阵掏狼窝给掏来了。后来又被套上了锁链。陈阵还利用它引出了狼群，后来还亲手杀了它。妈妈，陈阵就不应该养小狼，就应该让小狼在狼妈妈身边长大。动物不是人，但是它也有妈妈呀。就好像人贩子把小孩抓走了，他妈妈多么伤心啊！太残忍了！

妈妈：是的呢，白居易就写过一首诗："谁道群生性命微，一般骨肉一般皮。劝君莫打枝头鸟，子在巢中望母归。"

快快：我知道意思，就是说，小鸟也是有皮有肉的，你打它它也会痛的。劝你不要打枝头的鸟，幼鸟正在巢中等候着母鸟回来。

妈妈：对。每一个生命都值得我们尊重和保护。

快快：妈妈，其实想想，小狼不但可怜，还挺让人敬佩的。

妈妈：比如说呢？

快快：比如，小狼在被囚禁时，我以为它失去自由会一蹶不振呢。没想到，它照吃照睡，不仅不绝食，反而更加

狼吞虎咽，拼命地吃，让自己好好的。吃饱睡足后，找机会逃跑！

妈妈：是的呢，狼是很有智慧的。小狼珍视自由也珍爱生命。

快快：妈妈，你还记得开头说到的那条传说中的飞狼吗？实在太帅了！你看，在这里，我都画出来了："最后走的那条狼，一定是最有本事也最有劲的头狼。它硬是独自叼来圈里的死羊，靠着墙，把死羊一条条摞起来，做成羊梯，然后，嘿嘿，蹬着羊梯，成功地'飞'走了。"

妈妈：从这里也可以看出，狼群是很有组织很有纪律的。

快快：而且还很团结。喏，这句我也画了："草原狼的集体观念特别强，特抱团，决不会让弟兄和家人吃亏。"

妈妈：这个真值得人类学习。

快快：妈妈，在陈阵掏狼窝的时候，这个狼窝布置得像地道战、青纱帐，也说明狼是一种高智商的动物。

妈妈：嗯。它挖这么复杂的狼窝也是在自我保护呀。

快快：书里也说，狼是很怕人的。人不冒犯到它，它是不会主动袭击人的。

妈妈：所以，很多时候，人们都是用自己的爱憎去判断物种的好坏，认为狼是凶暴、残忍的，其实这对狼是很不公平的。

快快：可是，小羊看上去就是很温顺、很可爱，狼看上去就是很可怕呀。小羊不会咬我们，而狼就会伤人呀。

妈妈：所以，我们就会用自己的喜恶来判断。说到底，还是利益驱使。对自己有利的，就加以表扬、保护；对自己不利的，就加以批判甚至屠杀。而《小狼小狼》这本书，就是站在公正的立场上，纠正了我们对狼的传统偏见。

快快：那如果草原上没有狼，会有什么危害呢？

妈妈：你看，书里不是写了吗？很多人非常痛恨狼，因为狼总是杀牛羊吃牛羊，于是人们想方设法地杀狼掏崽，试图赶尽杀绝。在各种优惠措施、高科技条件下，人们终于如愿以偿，偌大的草原找不到一头狼了，却处处可见草原鼠偷晒的牧草以及隐藏在牧草下能致牛马失蹄摔伤的洞穴；牛羊可吃的牧草越来越少，游牧变成了圈养；草原沙化严重了，城市沙尘暴天气越来越多……

快快：这么看来，狼真的是自然生态中不可缺少的一个物种。

妈妈：是呀，这也说明，人类不能藐视草原文化，不能践踏生态自然平衡，人类要与其他动植物共生共存，只有这样，才能建设地球这个和谐家园。

妈妈贴士

《小狼小狼》是一部以狼为叙事主体的小说。书中的狼，以一种颠覆传统的全新形象冲击着我们的视野：它强悍、智慧、温情，为了自由、尊严以命相拼。该书生动地揭示了草原万物生态的内在联系，尤其是狼对整个草原和生态的巨大贡献。狼在草原是生动的、神奇的，充满了智慧和美丽的图腾。“图腾”一词来源于印第安语，意思为“它的亲属”“它的标记”。在原始人信仰中，本氏族人都源于某种特定的物种，大多数情况下，被认为与某种动物具有亲缘关系，于是，图腾信仰便与祖先崇拜发生了关系，在许多图腾神话中，认为自己的祖先就来源于某种动物或植物，或是与某种动物或植物发生过亲缘关系，于是某种动、植物便成了这个民族最古老的祖先。

妈妈导读

世界性的儿童文学奖有两项，一个是国际安徒生儿童文学奖，一个是纽伯瑞儿童文学奖。国际安徒生儿童文学奖是颁给儿童文学作家的，纽伯瑞儿童文学奖则是颁给作品的，《亲爱的汉修先生》就获得了纽伯瑞儿童文学奖。作者贝芙莉·克莱瑞，1916年出生于美国的俄勒冈州。克莱瑞是在书籍的陪伴下长大的。后来，她对文学产生了浓厚的兴趣，并且在文学创作上逐步走向成功。《亲爱的汉修先生》是她所有作品中现代感最强、写得最好的一本。

读《亲爱的汉修先生》

“我只得到了荣誉入围奖。”我嘴上这么说，可是心里在想，她叫我“作家”，一个真正的、还活着的作家竟称呼我“作家”！

“那有什么差别？”贝乔女士说，“每个评审的意见都不同。我就很喜欢你的那篇文章，因为它的作者很诚实地写出自己熟悉的事情，而且表现出很质朴的感情。你让我觉得身临其境，感觉自己好像开着卡车在陡坡上载着好几吨葡萄。”

“可是，我没办法把它变成故事。”我说着，突然觉得勇气大增。

“有什么关系？”贝乔女士摆摆手说。她在食指上戴了好几个戒指。“你希望怎样？写故事的能力以后会慢慢增加，等你长大一点儿，对事情自然有比较多的了解。就你的年纪而言，这篇文章写得好极了。你写得像你自己，你没有想要模仿别人。这是好作家的特点之一。继续加油吧！”

——《亲爱的汉修先生》

快快：妈妈，这本书题目叫作“亲爱的汉修先生”，其实根本不是写汉修先生的。汉修先生一直都没有出现。

妈妈：对呢，这个就叫作缺席的存在。

快快：啥意思？

妈妈：对于小男孩雷伊来说，汉修先生并没有出现在他面前，却始终出现在他的生活中。

快快：我知道，就是说，虽然他们并没有见面，但是他们通过另一种方式见面了。

妈妈：什么方式？

快快：写信。他们互相写信，他们的字，他们的观点，他们的思想在信里面见面了。

妈妈：哇，说得太棒了。

快快：我也好想写信啊。可惜现在都没有人写信了。

妈妈：你也好想有一个汉修先生吧？

快快：是啊。汉修先生虽然一直没有出现，但他一直是雷伊的好朋友。跟他谈心，听他说事情，教他怎么写作文。哎，我也好想给汉修先生写信啊。

妈妈：哈哈，我们现在虽然没有人写信了，但是我们有

微信呀。你依然可以和你的“汉修先生”聊天、谈心呀。

快快：我的“汉修先生”是谁？

妈妈：妈妈不是把妈妈的老师们的微信名片发给你了吗？这些老师，有的是作家，有的是心理学家，有的是教授，你有什么困惑，有什么不懂的地方都可以向他们请教呀。而且，微信可以及时回复，随时畅聊呀。

快快：是哦，原来我有那么多个“汉修先生”！我什么都可以问，想问哪个老师就问哪个老师。

妈妈：对呀，这些老师就是你人生的导师。

快快：谢谢妈妈。

妈妈：你要多问多学多请教，明白不？

快快：嗯。妈妈，这样说来，我比雷伊幸福多了。雷伊的爸爸妈妈离婚了，他也没有什么朋友，他带到学校的午餐还经常被人拿走，太可怜了。

妈妈：是呢，但是雷伊还是很乐观的。

快快：对。而且，雷伊身上有很多令人感动的优点。

妈妈：比如说呢？

快快：比如说，雷伊的爸爸妈妈离婚了，他没有抱怨他们。他的午餐老是被偷，一开始他挺恨偷他午餐的人，所以他在他的午餐盒里装了一个报警器。他一直没有查出来那个小偷是谁，但是他觉得很庆幸。

妈妈：为什么？

快快：因为他觉得，偷午餐是不对，但是有可能那个同学没有什么好的午餐可带。说不定他家里很穷。而他们毕竟是同学，还要一起上课的呀。如果大家都知道小偷是谁，那么那个小偷同学就惨了，在学校里就会抬不起头来了。

妈妈：这说明他是一个很善良的孩子。

快快：妈妈，我也会这么做的。毕竟，他后来不偷了，那就行了。

妈妈：嗯，你也是个善良的孩子。

快快：雷伊还有一个优点，就是他有什么事情都会在信里跟汉修先生说出来，或者写在日记里。这样，他就不会寂寞，不会无助。

妈妈：说得好，有了问题会寻求帮助，也是一个很好的优点。从这些地方也可以看出雷伊是一个情商挺高的小男孩。

快快：对，他非常想念爸爸，还怕爸爸重新结婚，有了其他的孩子叫他爸爸。他怕自己在爸爸心中的位置被取代。但是，他没有发脾气，也没有抱怨，他还是好好地上学，等着爸爸来看他。

妈妈：嗯，汉修先生以及贝乔女士还教给他写作文的秘诀，你看出来了吗？这个秘诀是什么？

快快：我当然看出来了。这个秘诀就是写作文要写自己熟悉的事情，表现质朴的感情。这样就会让人觉得你很真诚，看你写的东西也会有身临其境的感觉，就能引起共鸣。

妈妈：哦？说得不错哦。汉修先生给雷伊提的十个问题也很好呢！好好地回答这十个问题，就能写出不止十篇好作文呢。你还记得那十个问题吗？

快快：嗯，我翻到了。喏，在这里。1.你是谁？2.你长什么样子？3.你的家庭是什么样子？4.你住在哪里？5.你有宠物吗？6.你喜欢上学吗？7.谁是你的朋友？8.你最喜欢的老师是谁？9.你有什么烦恼？10.你有什么愿望？

妈妈：你想回答吗？

快快：想啊。1.我是快快。大名叫陈快意，我名字里面含着美好的寓意，要勤快，要欢快，要过快意人生。2.我是一个小帅哥。但是还需要努力长个子。3.我的家是个书香之家，爸爸、妈妈、我，每人一个大书架，有看不完的书。4.我住在钱塘江边。我写过一首诗《雪，落在我的钱塘江上》。5.我没有宠物。因为妈妈怕狗，也怕麻烦。6.我当然喜欢上学，妈妈还为我写了一本书《爱上学的小快快》。7.西湖和钱塘江都是我的好朋友，小鸟和花朵也是我的好朋友，老师和同学也是我的好朋友……很多很多。8.我最喜欢的老师就是我的武术老师，她教我练武术，还告诉我"金牌只是一块巧克力，尝尝甜味就好了，不断地挑战自己才最重要"。9.我几乎没有什么烦恼。就是作业多了点，但是也还能忍受。10.我的愿望就是快点长高长大，当一名很厉害的武术教练和一名作家。

妈妈：哈哈哈，回答得真不错。

妈妈贴士

一个小男孩，他承受着父母离异带来的内心波动，他拿起笔给他非常喜欢的一位作家——汉修先生写信。“亲爱的汉修先生”是他每一封信里对对方的称呼。他把他的喜怒哀乐，家庭生活和学校生活中碰到的开心和麻烦，统统告诉了汉修先生。汉修先生已经成为他心灵的导师和情感的寄托。汉修先生总是给予耐心的回复，细心的开导，热心的鼓舞。还有一位叫贝乔的女作家，也给了他勇气和信心。还有他的爸爸妈妈虽然离婚了，并且生活拮据，但都以各自不同的方式爱着他。还有把汉修先生的新作第一个给雷伊看的图书管理员、理解学生的睿智的校长，都给了他深深的爱。也正是这些爱，使得雷伊越来越善良、可爱、懂事、美好。所以，这是一本充满爱的书。

妈妈导读

詹姆斯·巴里（1860—1937），英国小说家、剧作家。1860年生于英国东部苏格兰农村一个织布工人之家。自幼酷爱读书写作。他一生为孩子们写了许多童话故事和童话剧,《彼得·潘》是他的代表作，影响最大。巴里迁居伦敦后，住在肯辛顿公园附近，每天上下班都见一群孩子在草地上玩耍。他们用树枝盖小屋，用泥土做点心，扮演童话中的种种角色。巴里被他们的游戏吸引，也加入到其中。这些孩子一个个都成了这位作家故事中的人物，那个最活跃的男孩彼得，便化作了他童话的主人公。《彼得·潘》1904年在伦敦公演后，引起巨大轰动。从此，每年这一天都在伦敦上演此剧。后来，巴里把它改写成童话故事,《彼得·潘》被译成多种文字传到国外。

读《彼得·潘》

于是，当达林太太来到育儿室看达林先生有没有睡着时，她看到每张床上都睡着一个孩子。可她没有欢呼，因为她以为自己是在做梦。“妈妈！”温迪喊道。接着，约翰和迈克尔都喊：“妈妈！”达林太太伸出手臂去抱三个她以为再也抱不着的孩子，激动得说不出话来。“乔治，乔治！”达林太太急忙把达林先生唤醒，一起分享全家团聚的喜悦。娜娜也冲进屋来。再也没有比这更感人的场面了。这时，一个陌生的小男孩正从窗外向里窥视，他有数不清的欢乐，都是别的孩子永远都得不到的。而他隔窗见到的这种欢乐，却是他永远得不到的。

——《彼得·潘》

快快：哇哇哇，我要去，我要去！

妈妈：嘿，嘿，你要去哪里？

快快：永无岛，永无岛呀！

妈妈：哈哈。

快快：我知道这是童话。但是我真希望有个永无岛啊！妈妈，永无岛上，有小仙女，她们说话有如叮叮咚咚的音乐，一刻也不停地满天乱飞。有一个仙女，她的名字就叫叮叮铃。

妈妈：哇哦，这名字真好听。

快快：永无岛上还有凶猛的野兽，还有原始部落里的“红人”，红色的头发，红色的衣服。还有海盗。

妈妈：你不怕吗？

快快：我不是学过武术吗？正好用得上。你想啊，我大喊一声“Chinese Kungfu”，保准他们吓得晕过去。我分别用“海底捞月”“白鹤亮翅”“凌波微步”“黑虎掏心”这几个招式，就把他们打得满地找牙。然后我拂袖而去，不露痕迹。

妈妈：深藏功与名。

快快：对，就是这个意思。

妈妈：呵呵，自我感觉相当不错啊，“Chinese Kuaikuai”！

快快：嘿嘿，承让承让！

妈妈：小孩子是不是都很向往离开爸爸妈妈，到另外的地方去？

快快：有时候会这样想呀。

妈妈：为什么呢？

快快：那还不简单，因为没有人管呀。然后，所有小孩子在一起，想干什么就干什么。不用刷牙，不用洗脚，不用背课文，不用写作业。太自由啦！

妈妈：那你现在就去呀！

快快：去哪儿？

妈妈：永无岛啊。

快快：去不了。

妈妈：为什么？

快快：要彼得·潘带着去才行。自己去不了的，根本就不知道在哪里。

妈妈：彼得·潘又是谁？

快快：是一个永远长不大的孩子。

妈妈：永远长不大？

快快：对，而且还会飞。他老在外面飞来飞去，把一代又一代的孩子带离家庭，让他们到永无岛上去享受自由自在的童年欢乐。

妈妈：那他就是一个小飞侠咯？

快快：是啊，他的外号就叫小飞侠。

妈妈：孩子们都跟着他飞？

快快：是啊，他一教，孩子们都会飞了。

妈妈：你也想飞？飞到白云上面去，飞到月亮上面去？

快快：当然。我做梦都想飞起来。

妈妈：你记不记得你小时候把滑滑梯叫作飞飞梯，别人是滑下来的，你一定要飞下来。还把自己的外套披在身上当翅膀，结果差点飞在石头上。

快快：哈哈哈，摔了一个屁股墩，可疼了。

妈妈：看了《西游记》，你也想要跟猴哥一样，一个跟头十万八千里。看了《哪吒传奇》，你也想要混天绫和风火轮，在天上飞来飞去。

快快：哎，为什么人就是飞不起来呢？真是懊恼。现实生活中为什么没有彼得·潘呢？不然，他就可以带我飞了。我肯定一学就会。

妈妈：现实生活中，飞机带着你飞呀，飞得更高，飞得更远，不是也很好吗？

快快：可是，永无岛到底在哪里呢？其实，我也知道根本就没有永无岛。你看，永无就是永远都没有的意思。

妈妈：永无岛可以在你的心里呀。如果你的内心阳光明媚、鲜花盛开，小仙女就会出来。还有蘑菇做的烟囱，还有美人鱼。你的内心世界可以有一个永无岛啊。

快快：我知道，永无岛就像天空之城一样，就是要通过想象才能到达。

妈妈：说得好，有了想象，你就飞起来了呀。

快快：如果真的有一个永无岛，我也不喜欢一直待在那里。去玩过几次，就够了。

妈妈：哦，那又是为什么？

快快：虽然说，那里美丽又好玩，无忧无虑的。但是，那里没有爸爸妈妈，没有家庭的温暖。你看，彼得·潘把孩子们送回来的时候，他站在窗外，也被他们一家人团聚的场面深深地感动了。虽然他很自由很快乐，但是他也很羡慕这种家庭的温暖呀。

妈妈：对，外出是一种美，在家又是另一种美。童年是一种美，长大又是另一种美。想要自由自在，我们可以去旅游啊。童年过去了，我们还可以拥有童心啊。

快快：我可以在我的心里存放一座永无岛。

妈妈：说得太棒了！

妈妈贴士

亲爱的孩子们，你有没有在这个童话故事里看见自己的影子？曾经，你裹起被单，张开“翅膀”，一次次努力地从床上“飞”下来。曾经，你把月亮画成冰淇淋，上面撒满了你爱吃的树莓、芒果和布丁。曾经，你无比雀跃地终于等来了离开父母去参加夏令营的那一天。是呀，哪一个大人不都曾经是孩子呢？哪一个大人不曾怀念过远逝而又难忘的童年呢？这么说来，永无岛一直都存在呀。即便所有的孩子最后都要长大，但长大之后的孩子依然可以保有童心，保有内心世界的永无岛。

妈妈导读

《毛毛》与《格林童话》齐名，荣获12项国际国内文学大奖。《毛毛》是现代人诠释时间的最佳底本，是一本对现代物质社会进行尖锐批判的奇书，书中表达了对人类的无限挚爱，对人性回归的强烈渴望。作者米切尔·恩德，1929年生于德国巴伐利亚风景如画的小镇。米切尔·恩德有一段名言，十分准确地概括他所有作品的主旨与风格。他说："忘记了自己的内心世界的人也就忘记了自身的存在价值。内心世界是外在世界的补充，我们必须发现它、完善它。倘若我们不能经常作心路之旅去找到这种价值，那我们就真正迷失路径了。"

读《毛毛》

“告诉我，”她终于问道，“时间到底是什么东西？”

“你自己刚才已经找到答案了。”侯拉师傅回答道。

毛毛凝神思忖了很久。

“它是存在的。”毛毛失神地喃喃自语道，“不管怎么说，这一点是肯定的。但是它既看不见，也摸不着。也许它是一种类似香味那样的东西？香味是不断消失的。也许它来自某个地方？也许它是像风一样的东西？哦，不！现在我知道了！它可能是一种永恒的音乐，只是人们听不见罢了。尽管如此，我还是觉得有时候能听见，那声音一定很轻很轻。”

“是的。”侯拉师傅点点头，“正因为如此，我才能把你叫到这里来。”

“但它同时一定还是别的什么。”毛毛还在继续想她的那个问题，“音乐虽然来自遥远的地方，可是听起来它就像在我的心灵深处鸣响，可能时间也是这样。”

——《毛毛》

快快：妈妈，你说时间是什么？

妈妈：嗯，让我想想。我说时间是色彩。你看，春天的时候新长的树叶是嫩绿的，绿油油的；到了夏天树叶是深绿色的；到了秋天，树叶慢慢枯黄，甚至有些树叶会变红；到了冬天，有些树叶掉了，有些树叶还在。一年四季过去了，树叶的色彩也在变。你说时间是什么？

快快：嗯，我说时间是声音。我在楼上听到妈妈喊我，声音比较轻。妈妈走路的声音也轻。我听到妈妈的脚步声一点一点响起来，就知道妈妈离我越来越近了。声音响起来了，时间过去了。

妈妈：说得好！看来你对时间还挺有研究的呀。

快快：妈妈，你再说说你在哪里看到过时间？

妈妈：我在你身上看到时间呀。你今年十二岁了，我当妈妈十二年了。你刚出生的时候，像小猫一样小小的一团，你慢慢长大，会走路了，会说话了，会自己吃饭了。后来，你上幼儿园了，上小学了，小学毕业了。妈妈从你小时候的奶瓶、水杯、婴儿床，从你小时候穿过的小衣服上都看见了时间呀。所以，我可以说，你就是我的计时器。

快快：妈妈，我觉得时间既看得见，也摸得着。

妈妈：哦，怎么摸得着？

快快：比如说，我手里拿着刚出笼的包子，太烫了，我差点拿不住。随着时间一秒一秒过去，包子肯定一点一点降温了，直到彻底冷掉，对不对？这就说明时间摸得着啊。我用手就能够感受到时间。

妈妈：哦，这样说也很有道理呀。时间真是神奇啊！

快快：你看，《毛毛》里面就有一朵神奇的时间花。

妈妈：哦？时间花又是一朵怎样的花呢？

快快：那要从时间发源地讲起了。在这个世界上，有一个时间发源地。所有的时间都是从那儿来的，也会回到那儿去。管理这个时间发源地的人就是侯拉师傅。侯拉师傅有一只神奇的乌龟，它不会说话，但是它的背就像是显示屏一样，会出现它心里想说的话。它还能够预知半小时后发生的事情。

妈妈：哦，这只乌龟叫作卡西欧佩亚，对不对？后来，它成了毛毛的好朋友，并且帮助毛毛打败了灰先生，帮助全城的大人们和孩子们夺回了时间。

快快：妈妈，你不要剧透，好不好？哎！

妈妈：哈哈，好，好，你讲，你讲，你接着讲。

快快：好吧。说回到时间花。时间花就是生长在时间发源地的一朵又一朵美丽的花。书里是这么写的："当星摆慢慢地越来越靠近池边时，一朵硕大的花蕾就从那黑色的水中浮现出来，摆针越接近池边，花开得就越大，直到完全开放，躺在水面上为止。"可以说，时间是很美的。

妈妈：那它会凋谢吗？

快快：会呀，毛毛看见时间花开得那么美，但很快就凋谢了，她的心里非常忧伤。

妈妈：那还会有新的时间花开出来吗？

快快：会！就像朱自清《匆匆》里面说的，燕子去了有再来的时候，桃花谢了有再开的时候，杨柳枯了有再青的时候。时间花一朵一朵地凋谢了，又会一朵一朵地开出来。每一朵新出现的花都和先前的不同，而且一朵比一朵鲜艳，一朵比一朵美丽。

妈妈：这就是时间的魅力。它虽然稍纵即逝，但它又会重新回来，就像歌儿唱的"太阳下山明朝依旧爬上来，花儿谢了明年还是一样的开"。

快快：本来人们就是这样无忧无虑地过着美好的日子，直到有一天时间窃贼偷走了他们的时间。

妈妈：哦，时间也能偷？

快快：是啊，就是你刚才说的那些灰先生把时间偷走的。他

们让大人们只知道工作、工作，赚钱、赚钱，不许孩子们玩游戏，要给他们灌输有用的知识。这样，整个城市的大人和孩子们都没有休闲而快乐的时间了。整个城市都灰蒙蒙的，死气沉沉的，没有一点生气。

妈妈：那后来呢？

快快：后来就是毛毛打败了这些灰先生，整个城市的人们重新拥有了美好而快乐的时间呀。

妈妈：哦，原来时间就是丰富多彩的生活，生动有趣的生命。如果日子过得很枯燥很乏味，那就等于浪费了时间、丢失了时间。这就是时间的奥秘哦。

快快：妈妈，看了这本书，我才知道怎样才算拥有了时间。那就是要快乐地生活，活得有意思，活得有滋有味的。如果活得没意思，没价值，那就说明时间被偷走了哦。

妈妈：你说得挺深刻的呀。妈妈也受益匪浅。每个人都要学会珍惜和管理自己的时间。

妈妈贴士

《毛毛》全书弥漫着非现实的幻想的气息。它不仅是给孩子看的，也是给大人看的。每个人都拥有时间，每个人也终将失去时间。时间之于人类到底意味着什么？时间可以是白驹过隙，恍如隔世；时间也可以是一眼万年长，瞬间即永恒。时间是那么真实，也是那么神奇。

米切尔·恩德的作品，如同一只飞翔在内心世界和外在世界“心路”上的巨鸟，理性的思考是这只巨鸟的脑袋，紧张曲折的情节是它的筋肉，幽默风趣是它的骨骼，奇思妙想则是它的双翼。每个沉浸于他的作品的人都不由自主想飞，飞进一个物我两忘的境界。

妈妈导读

儒勒·凡尔纳（1828—1905），19世纪法国小说家、剧作家及诗人。凡尔纳一生创作了大量优秀的文学作品，以《在已知和未知的世界中的奇异旅行》为总名，代表作为三部曲《格兰特船长的儿女》《海底两万里》《神秘岛》以及《气球上的五星期》《地心游记》等。他的作品对科幻文学流派有着重要的影响，因此他与赫伯特·乔治·威尔斯一道，被称作“科幻小说之父”。凡尔纳的作品并非枯燥的科学的图解，而基本上属于浪漫主义文学的性质。他总是在科学畅想的框架里编织复杂、曲折而又有趣的故事，情节惊险，充满奇特的偶合，再衬以非凡的大自然奇景，造成一种浓重的浪漫主义色彩。

读《海底两万里》

这真是个疯狂可怕的念头。还好，我及时地克制住了自己。我到床上躺下来，让紧绷着的神经舒缓一下，平复一下体内的骚动不安。我的神经倒是舒缓了一点，但大脑仍旧处于过度兴奋的状态。我被抛出“亚伯拉罕·林肯”，囚于“鹦鹉螺号”以来所经历的快乐与扫兴的事情，一桩桩一件件，全都涌上了心头：海底打猎，托雷斯海峡，巴布亚土著人，搁浅，珊瑚墓地，苏伊士海底隧道，桑托林岛，克里特岛的潜水人，维哥湾，亚特兰蒂斯，大冰盖，南极，受困冰层，大战章鱼，墨西哥湾暖流造成的暴风雨，“复仇者号”，以及那艘铁甲舰带着全体水兵沉入海底的可怕情景！……这一切之一切，如同舞台上的布景，在我眼前闪过。在这个奇异的领域里，尼摩艇长突然变得高大起来，超凡脱俗，高大无比，他已经不再是我的同类，而是水中人，而是大海里的精灵。

——《海底两万里》

快快：哇，太神奇了！太过瘾了！海底世界简直是个万花筒啊！不，十万花筒，百万花筒，千万花筒，亿万花筒！

妈妈：哈哈哈，瞧把你给乐的！看什么书看得这么忘乎所以的？

快快：喏，这本书，真是一本神书！

妈妈：哦，《海底两万里》。这确实是一本神书。说说看，都神在哪里呢？

快快：妈妈，我告诉你，这个作者可是比我出生早了差不多两百年的人哦。那时候世界上还没有潜水艇，没有无线电，可是这个作者都写到了！他不是乱写写的，他写的潜水艇的工作原理与后来发明出来的潜水艇一模一样，他就是一个预言家呀！

妈妈：他在书中写到的那个潜水艇叫什么来着？

快快：鹦鹉螺号。是不是很帅呀，这个名字？

妈妈：真够帅的，又鹦鹉又螺的。

快快：这又是书中一个神奇的地方。这本书里面写到的陆地植物、动物以及海洋植物、动物，那可是数都数不清。作者真是太渊博了，就像他书中的主人公——巴黎博物馆教授、博物学家阿罗纳科斯先生一样。就连他的仆人孔塞伊也很厉害啊，碰到任何植物、动物，他都能说出它是什么门、什么纲、什么目、什么科、什么属、什么种。我到什么时候才能学到那么多知识？我现在觉得知识真是财富啊！

妈妈：哈哈，慢慢学，不着急。只要你好好学习，你的财富也会越来越多的。看来你已经完全成为作者以及他书中的这些人物的小粉丝了呀？

快快：妈妈，我跟你讲，书中最神奇的人物还不是这个博物学教授以及他的仆人，也不是那个捕鲸高手——内德·兰德，而是——

妈妈：而是谁呀？这么神秘。

快快：他就是尼摩艇长，就是潜水艇"鹦鹉螺号"的艇长啦，简直就是神一样的存在啊！

妈妈：哦，这么神？

快快：这样吧，我首先跟你说说"鹦鹉螺号"有多神吧！鹦鹉螺号的形状像一支雪茄烟，长70米，宽8米，航行性能非常好，最高航速可达每小时50海里。

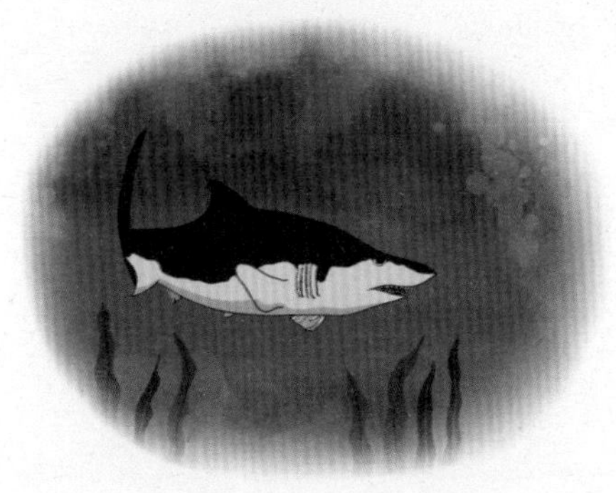

妈妈：哦？那它是靠什么发动的呢？

快快：它是靠电力发动的。电力是从海水提取钠，将钠与汞混合，再转化成电后取得的，储存在电池里。

妈妈：你说得挺专业的哈。那船上的人们吃什么呢？

快快：吃鱼类、海藻等，它完全不需要陆地的补给，可以无限期地在海上航行。它可以一直在海里航行，不露出海面。教授和仆人还有捕鲸能手就跟着艇长以及他的手下坐在“鹦鹉螺号”里，航行了两万里呀。所以书名叫作《海底两万里》。船里还有博物馆和图书馆呢！而且这艘潜水艇非常坚硬，可以说是固若金汤。所以船里的人都是与世隔绝的，从来不用上岸。

妈妈：包括艇长？

快快：对呀。所以说，尼摩艇长是书里最神秘最神奇的人物。他的知识有时候比教授还要丰富，他沉着冷静，从来都不慌不乱，他高傲果断，说一不二，他就是海洋之王。但他憎恨人类，隐居海洋就是为了逃避人类社会。他喜欢没有战争、没有硝烟、纯净自然的海底世界。

妈妈：海底世界就是他的理想世界，就像天空之城一样。只不过，一个在天上，一个在海底。

快快：但是尼摩艇长其实又是很善良，很有人情味的。他的手下被巨大的章鱼卷走了，他也会很伤心，流下眼泪。在他的海底世界还有一处墓地，那里静静地躺着死去的同伴们。尼摩艇长虽然不喜欢捕鲸高手——内德·兰德，但还是在他遇险的时候救了他一命。尼摩艇长对教授也一直都很尊重。

妈妈：看来，你很崇拜他呀！

快快：就是不知道他为什么这么憎恨人类。作者没有说，这也是这本书很神奇的地方。有可能他经历了战争或者什么不公正的待遇，也有可能他的亲人被人害了。我真希望他能够改变自己的想法，重新爱上人类。人类中的大多数还是很可爱的呀，是不是，妈妈？

妈妈：是的，你说的一点都没错。

妈妈贴士

凡尔纳的作品不仅具有独特的艺术魅力，也在现实生活中产生了深远的影响，他在小说中塑造的科学勇士与先驱者的形象影响着一代又一代的后来者。许多科学家都坦言自己是受到了凡尔纳的启迪才走上了科学探索之路的。潜水艇的发明者西蒙·莱克在他的自传中的第一句话是“儒勒·凡尔纳是我一生事业的总指导”；海军少将伯德在飞越北极后说凡尔纳是他的领路人；深海探险家皮卡德、无线电的发明者马克尼一致认为凡尔纳是启发他们发明的人。当然，凡尔纳作品中的文学性也是毋庸置疑的，连大文豪列夫·托尔斯泰都赞叹有加：“凡尔纳创作的长篇小说使我赞赏不已。在构思发人深省、情节引人入胜方面，凡尔纳是个大师。”

妈妈导读

埃尔文·布鲁克斯·怀特(1899—1985)，美国当代著名散文家、评论家，以散文名世，“其文风冷峻清丽，辛辣幽默，自成一格”。生于纽约蒙特弗农，毕业于康奈尔大学。他还为孩子们写了三本书:《精灵鼠小弟》《夏洛的网》与《吹小号的天鹅》，同样成为儿童与成人共同喜爱的文学经典。《夏洛的网》的创作灵感源于一个发生在他农场里的很特殊的事件：有一次怀特养的一头猪病了，为了救治这头猪，他费尽心血，寻医问药，与这头猪共度了三四个十分焦虑的日夜，最后这头猪还是死了。怀特对此颇有感触，写下此书。

读《夏洛的网》

“你为什么为我做这一切呢？”它问道，“我不配。我没有为你做过任何事情。”

“你一直是我的朋友，”夏洛回答说，“这件事本身就是一件了不起的事。我为你结网，因为我喜欢你。再说，生命到底是什么啊？我们出生，我们活上一阵子，我们死去。一只蜘蛛，一生只忙着捕捉和吃苍蝇是毫无意义的，通过帮助你，也许可以提升一点我生命的价值。谁都知道人活着该做一点有意义的事情。”

“唉，”威尔伯说，“我不会说话。我也不能像你一样说得那么好。不过你救了我，夏洛，我很高兴为你献出生命——我真心愿意。”

“我断定你会的。我感谢你这种慷慨之心。”

——《夏洛的网》

快快：好感动啊，妈妈。我都看哭了。

妈妈：是呢，我也很感动。文学的魅力，在于不但给我们美的熏陶，还净化了我们的灵魂。

快快：夏洛的网是一张充满爱的网。

妈妈：嗯，说得好。是一张充满温情与友爱的网。

快快：他说的就是一只蜘蛛和一只小猪之间的友情呀，怎么就那么感人呢？

妈妈：因为它们之间的友情真挚而深刻，所以非常感人呀。

快快：那只小猪特别让人同情。它一出生就是一只落脚猪，是残疾的。一出生，弗恩爸爸就要杀了它，反正也养不活。是弗恩夺下了爸爸手中的斧头，救了小猪。弗恩还把牛奶灌进奶瓶里喂养它。后来，弗恩爸爸还是把小猪卖给了弗恩的舅舅，幸亏舅舅家住得近，弗恩还是可以经常去看小猪的。

妈妈：嗯，这只落脚猪真是一头幸运的小猪呢！作者真是偏爱它呀。

快快：在弗恩舅舅家的谷仓里，小猪还是挺开心的。谷仓里有许多动物，有老羊和羊羔，一只公鹅，一只母鹅，七只小鹅，还有一只老鼠。这臭老鼠看上去坏坏的，但是也帮了夏洛和小猪不少忙。

妈妈：哈哈，这真是一个热闹而团结的动物小世界了。

快快：当然，小猪最爱的还是蜘蛛夏洛了。我也想拥有像夏洛一样的朋友。

妈妈：哈哈，你想当小猪？

快快：我还是我啦。

妈妈：嗯，我也想拥有像夏洛一样的朋友。

快快：妈妈，夏洛的网还是一张智慧的网。

妈妈：哦？怎么讲？

快快：是它用巧妙的方法救了小猪的命，你想想看，天下哪一头猪不是被养肥，然后杀掉的呢？猪真是太可怜了。

妈妈：是呢，妈妈和舅舅小时候也养过一头猪。我们对小猪仔可好了。喂它吃番薯、番薯藤、革命草，还拿水桶装满水给它洗澡。夏天，它两只耳朵被蚊子咬得出血了，我们还给它涂上紫药水。我们每天一放学，就去割猪草给它吃。小猪对我们也很好，总是

喜欢跟在我们屁股后面。我们走到哪，它就跟到哪。

快快：哇，我也好想养一头猪啊！

妈妈：哈哈，城市里怎么养猪啊？

快快：妈妈，那小猪后来长大了吗？被杀了吗？

妈妈：当然长大了。没长满一年，就被杀了，卖了。小猪被杀的时候，我们躲在楼上哭，真是伤心啊！

快快：哎，怪不得《夏洛的网》里的小猪听到自己将要被杀掉，做成火腿，吓死过去了。它呻吟着：我要活，我要活在这舒服的肥料堆上，和我所有的朋友一起，我要呼吸美丽的空气，躺在美丽的太阳底下。

妈妈：是呀，连一头猪都知道，活着真好！

快快：幸好夏洛用妙计救了它。夏洛就是小猪的救命恩人啊。夏洛用它的蜘蛛网织出了“王牌猪”“了不起”“光彩照人”“谦卑”这些字，让全城百姓都以为小猪是一号神猪。

妈妈：是呢，小猪从此过上无忧的生活，得以颐养天年。

快快：可是夏洛却永远地离开了。妈妈，我真想哭！

妈妈：嗯，所以夏洛的网也是一张奉献的网。

快快：也是一张说到做到的网，守信用的网。

妈妈：嗯，夏洛承诺过会救小猪的，小猪也一直相信夏洛。

快快：这真是一张闪闪发亮的网啊！

妈妈：作者是这样描写这张网的，“在雾天的早晨，夏洛的网真是一件美丽的东西。这天早晨，每一根细丝点缀着几十颗小水珠。网在阳光中闪闪烁烁，组成一个神秘可爱的图案，像一块纤细的面纱。”

快快：哇，真美啊！

妈妈：夏洛的网不但闪着阳光，还闪着人性的光辉，闪着人生的意义。夏洛不是说过吗？“一只蜘蛛，一生只忙着捕捉和吃苍蝇是毫无意义的，通过帮助你，也许可以提升一点我生命的价值。谁都知道人活着该做一点有意义的事情。”

快快：人生的意义就是要奉献自己，帮助别人。

妈妈：嗯，帮助善良的人、弱小的人、孤独的人。

快快：我好想拥抱拥抱这只蜘蛛，它虽然小小的，但是它又是那么伟大，像一个英雄。

妈妈：嗯，我也好想拥抱拥抱这只小猪，告诉它，世间有爱，不要怕。

妈妈贴士

本书作者还另写了《猪之死》一文。开头写道："春天，买上一头正在发身的猪仔，喂过夏秋，当酷寒天气来临时，宰掉——是我非常熟稔的一种方式，自古以来一直是这样的。这是大部分农庄都一板一眼地实行的一种悲剧。这种屠杀，因为是早有预谋，够得上一级罪愆，屠刀下去，迅疾而干脆利落，最终以烟熏火腿而隆重结束，从来就没有人对此行为存有过任何疑问。"怀特不仅对此存有疑问，而且他决心要拯救一头小猪的性命，于是便有了《夏洛的网》的故事。也因此，《夏洛的网》里有着深深的爱与悲悯，浓浓的人情与对生命意义的探寻。

妈妈导读

肯尼斯·格雷厄姆(1859—1932)，在泰晤士河畔度过了梦幻般美好的童年，这为他以后的文学创作提供了取之不竭的灵感源泉。成年后他广泛地结交当时云集伦敦的文化界名流，生活在浓烈而高雅的文化氛围里。中年得子的格雷厄姆对孩子倍加珍爱，并把他看作心灵的知己。从孩子4岁起，每天晚上他都会为孩子讲一小段非常动听的动物故事。在孩子去海滨度假时，格雷厄姆就接连给他写信，讲一只蟾蜍的历险故事。这些信，后来成了《柳林风声》的蓝本。书中塑造了几个可爱的动物形象：胆小怕事但又喜欢冒险的鼹鼠，充满浪漫情趣的河鼠，具有领袖风范的獾，喜欢吹牛、炫耀的蛤蟆……他们生活在河岸或大森林里，有乐同享，有难同当。

读《柳林风声》

河鼠爬上床，盖上毯子，很快就进入了梦乡。疲倦的鼹鼠也巴不得快点儿睡觉。他躺在自己的小床上，觉得非常舒心。不过在合眼之前，他环顾了一下自己的老屋——在炉火的照耀下，老屋显得十分柔和、温馨。他清楚地看到，他的家是如此的平凡简陋，可他同时也明白了，这个避风港对他来说有着特殊的意义。鼹鼠并不打算抛开新的生活和广阔的天地，也不打算离开阳光、大河、树林和它们赐予他的一切欢乐。鼹鼠知道，他必须回到那个更大的舞台上去。不过，有这么个地方可以回归总是件好事。这地方是完全属于他的，这里的东西见到了他总是很高兴的。不管他什么时候回来，总会受到热情的接待的。

——《柳林风声》

快快：哇，这本书里的小动物都是诗人啊！

妈妈：哈哈哈，这只能说明作者是个诗人。虽然这是个动物小说，但他的语言非常优美、流畅、跳跃，很有诗歌的质地。

快快：妈妈，你看，连这三只燕子说话都这么有诗情画意！喏，你看，三只燕子在枝头不停地跳动，热烈地低声交谈着旅行的事。其实就是冬天到了，要回南方呀。

妈妈：他们都怎么交谈的？

快快：有一只燕子这么说的，我读给你听——"我们内心感到一种骚动，一种甜蜜的不安。往事就像信鸽一样飞了回来。夜间，它们在我们梦中盘旋；白天就随我们一道在空中翱翔。那些被我们遗忘的地方，当它们的气味、声响和名字一个个飞回来向我们招手时，我们就特别渴望回到它们那儿去。"

妈妈：说人话！

快快：说人话，就是"我们非常想回南方去"。

妈妈：哈哈！这几只燕子这样交谈着，一边的河鼠可是听得出了神。

快快：生活不只有眼前的苟且，还有诗和远方。在河鼠看来，这三只燕子就是"诗和远方"呀！

妈妈：哇，你说得太对了！

快快：所以，河鼠也想亲自去感受一下南方太阳热情的抚摸、南方香风轻柔的吹拂。

妈妈：河鼠在这本书里就是一个诗人呢。他会写诗哦，也非常向往诗情画意的生活。

快快：我看他是很容易被别人——哦不，别的小动物——忽悠的。

妈妈：他又被谁忽悠了？

快快：那只航海鼠呀！那只航海鼠滔滔不绝地跟他讲自己航海时候的经历，河鼠又听呆了。

妈妈：不过，那只航海鼠真挺能讲的，我都被他迷住了！什么"马拉着酒桶，叮叮咚咚冲上小镇陡峭的街道"，什么"在嵌满星星的天鹅绒般的天幕下纵情宴饮，放声高歌"，什么"石阶的尽头便是蓝莹莹的海水。鲑鱼随着潮水跳跃，一群群银光闪闪的鲭鱼嬉戏着在码头和海滩边游动"。世界那么大，你不想去看看吗？

快快：妈妈，要不我们暑假就去看看？

妈妈：哈哈哈，这本书真是太诱人了！

快快：我也想听听航海鼠说的水手们起锚时高唱的号子、帆在呼啸的东北风里的嗡嗡低吟、日落时橙黄色天空下渔人拉网的歌谣、游艇或帆船上弹奏吉他或曼陀林的琴音。

妈妈：哇，你也够诗意的啦！

快快：妈妈，这书里四个小伙伴的友情也够诗意的。

妈妈：哪四个呢？

快快：喏，河鼠、鼹鼠、獾、蟾蜍。他们之间的称呼就让人受不了，鼠儿，鼹儿，獾儿，蟾儿。

妈妈：哈哈哈，快儿。

快快：妈儿。

妈妈：带个“儿”显得亲切呀，这个叫作昵称。

快快：河鼠浪漫，鼹鼠温柔，獾呢，具有领袖风范。他们三个我都很喜欢。我就是不喜欢那个臭蟾蜍，他老是干坏事，又爱吹牛，喜欢偷别人的车，不遵守交通规则，开着车乱撞；被关进监狱，又被他逃出来；逃出来还不安分，还要整天吹牛，吹嘘自己是抢车能手、越狱要犯。看到他的蟾宫被黄鼠狼他们占据，我一点都不同情他。

妈妈：这个自大狂蟾蜍确实是很可恶。但是呢，鼹鼠、河鼠和獾都对他很好。也正是在朋友们一次又一次友情的感召下，坏蟾蜍最后变成了一只谦逊有礼、努力本分的好蟾蜍。

快快：獾真是对他太好了，一边责骂他，一边又怕话说得太重，蟾蜍受不了。獾真是他的良师益友啊。

妈妈：是呢，獾睿智、通达，在动物界颇有威望。也是在他的指挥下，他们四个伙伴从黄鼠狼他们手中夺回了辉煌的蟾宫。獾简直是令人崇拜啊！

快快：为什么他们明知道蟾蜍不好，还要一次次帮助他呢？

妈妈：你想想看，坏人变得更坏，是很容易的。但是，由坏人变成好人就难了。所以，蟾蜍要改变吹牛、自私的恶习，就需要朋友们不断点醒、不断敲打才行。朋友之间就是要有福同享、有难同当。真正的朋友，就要为彼此负责。朋友有做得不对的地方，就要帮他指出来，让他改正，一次一次，不厌其烦。

快快：妈妈，这就是宽容的力量。朋友总是有缺点的，但既然是朋友，我们就应该帮助他改正缺点，给朋友时间和机会，让他做一个更好的自己。这样，我们自己也会很有成就感。

妈妈：谁说不是呢？你越来越明白事理啦！

快快：妈妈，这本书里随便翻翻都是诱人的食物，看得我口水直流三千尺！你看，到处都是煎火腿、鹅肝酱、香槟酒、沙丁鱼罐头、油煎土豆卷心菜、番石榴酱、猪舌头、龙虾沙拉、法式面包卷、腌小黄瓜、三明治、姜汁啤酒、柠檬汁……这帮小伙伴们，简直个个都是吃货呀！

妈妈：哈哈哈哈，这也说明作者本人就是个吃货，所以，这本书也写得很有生活气息。

妈妈贴士

本书写得活色生香、诗情画意，同时也告诉我们很多道理。如何过好眼前的生活，如何对待诗与远方，如何唤醒朋友，让他改邪归正，在这里，你都能找到答案。这本书也教会我们要用诗意的眼睛和心灵去细细感知生活中随时随地的美。有如柳林里的风声，你要学会去聆听，去看见。就像文中的小动物们一样，陶醉在波光、芳香、水声、阳光共同构成的美景之中。别忘了有时候，把耳朵贴在芦苇秆上，偷听风儿在芦苇丛中说悄悄话。

妈妈导读

《苹果树上的外婆》于1965年获得奥地利国家儿童与青少年文学奖，历经40余年，已成为公认的德语儿童文学经典作品，直到今天仍在不断地再版。它也是米拉·洛贝作品中被翻译出版次数最多的一部，成为世界各国孩子们都爱读的故事。

米拉·洛贝是出生于德国的犹太人，后来定居在奥地利维也纳，1948—1992年间，她创作了近百部儿童和青少年读物，是德语地区家喻户晓的儿童文学作家。她曾经多次获得奥地利国家和地区儿童与青少年文学奖项。在奥地利，甚至设有以她的名字命名的“米拉·洛贝儿童与青少年文学奖”。

读《苹果树上的外婆》

外婆坐在她的白马上更像一位女王，因为对于王妃来说，外婆的确有点儿太老了。白马即刻听从了外婆的命令，外婆只需轻声地打一下响鞭，白马就顺从地、跳舞般地转着圈。外婆再大一点儿声打响鞭，白马便慢跑起来。外婆喊一声："嘿！"白马就开始快跑，像一匹赛马一样飞奔而去。

"你怎么能骑得这么好呢？"安迪钦佩地问。

"哈哈，听着！我曾在马戏团待过很多年！"

安迪差点儿从马上摔下来。

"你曾在马戏团待过？你一定得给我讲讲关于马戏团的事！你在那儿做什么？艺术骑手吗？"

"什么都做过！艺术骑手、空中飞人表演者、高级射手、飞刀投掷者。只有吞军刀我不喜欢，这项表演太不合我的心意了！把这样一把刀吞到肚子里，凉得要命。"

——《苹果树上的外婆》

快快：哇，这样的外婆给我来一打！

妈妈：哈哈，你知道一打是多少吗？

快快：知道呀，十二个！

妈妈：那你自己的外婆不要了？

快快：不好意思，自己的外婆也算一个吧。自己的外婆对我好，什么好吃的都留给我吃。

妈妈：那，这样的外婆怎么好呢？

快快：很酷，很拉风，妈妈。她有一头卷发，戴着一顶宽大的帽子，手臂上挎一个绣花大挎包，穿着高跟鞋，开着一辆小轿车。这辆车上什么都有，打开一个开关，靠背中会伸出两把彩色太阳伞。这两把太阳伞会自己转动，发出“嗡嗡嗡”的声响，里面装着电风扇呢。再按下那个红色按钮，一个小托盘就转出来了，托着一瓶覆盆子汽水和一个杯子。按一个黄色的按钮，就换成了柠檬汽水。再按一个椭圆形的小按钮，什么油炸面包啦，醋腌黄瓜啦，夹心巧克力啦，肝泥丸子汤啦，全出来了！总之，就是应有尽有。

妈妈：你是看上这辆小轿车了吧？

快快：嗯，我也想有这样的车。多方便，多神奇

啊！开出去兜个风，人家肯定羡慕极了！

妈妈：怪不得男孩子都是小车迷呢，就喜欢耍酷哈。

快快：更精彩的在后头呢，外婆开着这辆小轿车，带安迪去哪里你知道吗，妈妈？

妈妈：去海边？

快快：不，去草原！他们去草原可不是搭帐篷、看星星啊什么的，他们是去套野马的。没听说过吧？我告诉你。草原上不是奔跑着很多马吗？喏，像这样，用尽全力把套索抛出去，喜欢哪匹马就套哪匹马……当然，因为马跑得很快，飞驰而过，很不容易套住。但是，安迪的外婆就很厉害，绳索一抛出去，就套住了一匹刚烈的黑马。在外婆的指导下，安迪也套住了一匹温顺的白马。他们俩就开着小轿车，拉着两匹马回城市了。

妈妈：这真是刺激、好玩。

快快：妈妈，要是我们也从草原套两匹马回来，到西湖边遛遛，那简直是不得了啊！

妈妈：那绝对是西湖边最酷的一道风景了！

快快：哎，想都不敢想。外婆就这样整天带着安迪去游乐场、去航海，还去印度猎虎呢！简直是太传奇了！

妈妈：这些可都是想象出来的哦。

快快：我知道。安迪根本就没有外婆，也没有奶奶。当他父亲很小的时候，奶奶就去世了；在他出生后不久，外婆也去世了。几乎所有的孩子都有外婆，只有安迪没有，这让他很伤心。安迪天天梦想着有一个外婆，后来，他来到了他常常玩耍的苹果树上，苹果树上突然出现了一个外婆。故事就这样发生了。

妈妈：嗯，这就是一个梦中的故事。在梦中，安迪得到了一个传奇的外婆，而在现实中，安迪也得到了一位慈祥、和蔼的老奶奶。

快快：嗯，这个奶奶是安迪的邻居。她的孙女儿都在国外读书呢，老奶奶很孤独，很寂寞，也很需要帮助。她很穷，每天都要工作，甚至有时没有时间做饭。安迪勤快又能干，他帮老奶奶做饭，帮老奶奶种花。能够照顾老奶奶让安迪感到非常愉快，觉得自己已经长大了。

妈妈：安迪和奶奶一起动手，把门前的荒地整成了一个漂亮的五彩缤纷的花坛。他们在外面一圈种了淡青色、微红色和淡紫色的紫苑，然后是闪光的秋海棠，再往里是开着白色和粉红色花的丁香和荷包牡丹。

快快：哇，我也想要这样一个花坛。

妈妈：哈哈，那我们也买点种子种起来。

快快：好啊好啊。

妈妈：这下子，安迪就有了想象中的外婆，又有了现实中的奶奶。

快快：想象很酷，现实也很美呀！

妈妈：是呢，外婆带着安迪周游世界，看见诗和远方；奶奶带着安迪感受一日三餐，小草小花。这样，安迪既有温暖踏实的日常生活，又有诗情画意、带着传奇色彩的理想世界。

快快：妈妈，我们也要过这样的生活。

妈妈：好呀，那我们就从现在开始吧。你帮妈妈烧饭去。吃饱了饭，我们就周游世界。

快快：烧饭？啊？晕！

妈妈：哈哈哈。

妈妈贴士

每个孩子心里都住着一个外婆，住着一个奶奶。没想到吧，安迪的外婆这么传奇，这么酷！她简直是每个孩子心中向往的外婆。她不管作业，只管陪孩子玩！她不要孩子遵守这个规矩、那个规矩，她只希望孩子无忧无虑、尽情尽兴地玩。她不是传统意义上的外婆，慈祥、宠溺。她是时尚的、精彩的，甚至是高科技的。这是个很会玩、很能干、很拉风的外婆，她指引着安迪打开心扉，尊重他内心的想法，让他自由自在地生活。这样的外婆是理想化的外婆，这样的亲子关系是多么和谐、美好。这个故事呼应了孩子心中探索世界、向往自由的天性。作为家长，我们也能从中悟到些什么吧。

妈妈导读

《舒克贝塔传》与《皮皮鲁传》《鲁西西传》《大灰狼罗克传》，共称为郑渊洁四大名传。《舒克贝塔传》以舒克、贝塔两只小老鼠为正面主人公，讲述了他们许多离奇有趣的历险故事。全书故事情节曲折，语言幽默风趣，想象力天马行空。《舒克贝塔传》颠覆了老鼠这一形象在国人心目中的传统负面印象，赋予其善良、正义、机智等良好品质，对塑造少年儿童良好品格具有潜移默化的作用。郑渊洁，中国文坛传奇人物。首届北京十大杰出青年，国家新闻出版总署反盗版形象大使，“中华慈善楷模奖”获得者。1955年出生，1978年开始童话创作，1985年创办专门刊登其个人作品的《童话大王》月刊，有“童话大王”之美誉。他笔下的皮皮鲁、鲁西西、罗克、舒克和贝塔影响了三代中国孩子。

读《舒克贝塔传》

一切都准备好了，舒克坐进驾驶舱，戴上了飞行帽。

“现在我已经不是老鼠了，是飞行员舒克。”舒克兴奋地想。他打开了启动器，红色的螺旋桨转了起来，它越转越快，不一会儿，直升机就离开了床头柜。

舒克驾驶着直升机在屋里盘旋了一圈，他还故意擦着鸟笼飞过去，当他看见鹦鹉们认不出他时，得意极了。

小老鼠舒克，不，飞行员舒克驾驶着直升机，从开着的窗户飞出了屋子。

外面是碧绿的田野，起伏的丘陵，还有宽阔的河流和盛开的花丛……舒克驾驶直升机在天上飞，他很兴奋。

——《舒克贝塔传》

快快：妈妈，你知道世界上最有名的三只老鼠是谁？

妈妈：米老鼠！

快快：还有呢，我们中国的两只老鼠呀！

妈妈：谁？

快快：舒克和贝塔呀！

妈妈：哈哈，我怎么把他们俩忘掉了呢！妈妈也是看着舒克和贝塔长大的呢。那时候电视机还少得很，我就看了舒克和贝塔的书，又看了舒克和贝塔历险记的动画片。

快快：妈妈，我小时候你不是也给我看舒克和贝塔的动画片了吗？

妈妈：嗯，我们还演过舒克和妈妈对吧。

快快：哈哈哈，我是这么演的：哦，妈妈，怎么这叫偷吗？

妈妈：傻孩子，什么偷不偷的，咱们老鼠世世代代就是这样活下来的。别理他们，贩卖正直的人最不正直。快吃吧。

快快：妈妈，你演舒克妈妈也很像。

妈妈：妈妈都是疼爱自己的孩子的，老鼠的妈妈也疼爱小老鼠呀。

快快：但是舒克不喜欢被人称作小偷，所以，他要驾驶直升飞机到外面去闯世界，用自己的劳动养活自己。

妈妈：嗯，他要改变老鼠家族又臭又坏的名声。他要让世人都知道，老鼠也可以自食其力，也可以活得很有尊严。

快快：真是一只有志气的老鼠啊！

妈妈：不但有志气，还非常勇敢、善良、聪慧，很有正义感。就像一个英雄！

快快：舒克开着直升飞机救了落水的小蚂蚁和被小男孩的气枪打伤的小麻雀，还帮蜜蜂们搬运蜂蜜，来来回回空运了十几次呢！舒克虽然很忙很累，但是他心里高兴极了！妈妈，帮助别人的人最美。

妈妈：为什么呀？

快快：因为他是有用的、有价值的。他也因为帮助别人而得到了别人的赞美和尊重。

妈妈：嗯，舒克真是一只人见人爱的好老鼠。再也不是“老鼠过街，人人喊打”了。

快快：妈妈，这下子可以说是“舒克过街，人人喊帅”了！

妈妈：哈哈，说得好！

快快：妈妈，别忘了舒克还有一个好搭档叫贝塔呀！他也是一只很厉害、很可爱的老鼠。

妈妈：嗯，坦克手贝塔也是一只了不起的老鼠。

快快：他也不甘心整天被那个咪丽猫欺负，过着担惊受怕、吃一顿饿三顿的生活。为了尊严和自由，他也勇敢地出走了。哦，应该说，开着坦克头也不回地走了。

妈妈：他们一起闯荡世界，都做了些什么事呢？

快快：那可多了！他们不小心来到了猫国，但是这里没有一只猫认识老鼠，而这里的国王竟然是一只装有电池的坏老鼠，他每天都吃猫肉。舒克和贝塔把他抓走，关进了监狱。舒克和贝塔还成立了航空公司，还拍电影给乘客们看，还办了印刷厂，编了《老鼠报》。哦，对了，他们还到了外星球……

妈妈：如果他们当初不从老鼠洞里出来呢？

快快：那就一辈子浑浑噩噩，无所作为。

妈妈：嗯，生命因此而精彩，人生因此而丰富。

快快：走出去，前面一片天！

妈妈：世界就在你的脚下。

快快：妈妈，这个故事既有趣又励志，它就是一本舒克和贝塔的奋斗史呀。

妈妈：嗯，这个故事里面藏着好多好多人生道理啊。它告诉我们，出身卑微不要紧，只要有理想，去奋斗，依然可以有灿烂美好的未来。

快快：它还告诉我们，朋友很重要，舒克和贝塔互相信任、互相支持，舒克的飞机在空中飞，贝塔的坦克在地面上接应，他们齐心协力，做了好多了不起的事情。

妈妈：嗯，它还告诉我们，人活着要有尊严。一切美好的东西都应该用汗水去换取，一分耕耘一分收获。

快快：它还告诉我们，要想做好事，做大事，还先要把本领学好。舒克会开飞机，贝塔会开坦克，他们可都是技

术型人才。

妈妈：它还告诉我们，在逆境中，不要失去信心；在辉煌的时候，要尽量帮助那些需要帮助的人。

快快：它还告诉我们，不要对一切事物抱有成见，只要努力，老鼠也可以很有作为。即使你生活在老鼠堆里，你也要做一只与众不同的优秀的老鼠，用行动证明你是老鼠中的佼佼者。

妈妈：嗯，说得真好。

妈妈贴士

两只小老鼠不甘于卑微、困顿的生活，凭着勇猛和智慧闯荡世界。这是两只有志向的，正义、善良的老鼠，立志要改变老鼠的臭名声，立志要自食其力，可见立志的重要性。当然，仅有志向是不够的，必须得行动。朝着正义的方向，心怀善意，舒克和贝塔帮助了蚂蚁和小麻雀，除去猫王国中的老鼠败类，终于成了文学世界中的两个经典的老鼠形象。对于小朋友而言，读这样的童话作品，不仅是感受到舒克和贝塔的机智和勇敢，更要体会作者郑渊洁立志要为老鼠正名的善意。努力就有可能成功。童话大王郑渊洁的故事如此，舒克和贝塔的故事亦如是。所以，孩子们，快快行动起来，努力创造新世界！

妈妈导读

新美南吉（1913—1943），日本著名儿童文学作家。主要作品有《毛毯和钵之子》《爷爷和玻璃罩煤油灯》等，作品集有《新美南吉全集》《校定新美南吉全集》等，被誉为“日本安徒生”，14岁起就开始创作童谣和童话，多篇作品被选进中小学课本。他的文字生动、精练，非常强调故事性，起承转合，曲折有致。也许是天妒英才，1943年，新美南吉感染结核病去世，那一年，他仅仅30岁。作者曾说：“假如几百年、几千年后，我的作品能够得到人们的认同，那么我就可以从中获得第二次生命！从这一点上来说是多么幸福啊！”几十年过去了，他的作品不仅在日本国内广为流传，而且在海外也深受人们的喜爱。

读《去年的树》

鸟儿向山谷里飞去。

山谷里有个很大的工厂，锯木头的声音，“沙——沙——”地响着。鸟儿落在工厂的大门上。她问大门：“门先生，我的好朋友树在哪儿，您知道吗？”

大门回答说：“树么，在厂子里给切成细条条儿，做成火柴，运到那边的村子里卖掉了。”

鸟儿向村子飞去。

在一盏煤油灯旁，坐着个小女孩。鸟儿问女孩：“小姑娘，请告诉我，你知道火柴在哪儿吗？”

小女孩回答说：“火柴已经用光了。可是，火柴点燃的火，还在这盏灯里亮着。”

鸟儿睁大眼睛，盯着灯火看了一会儿。

接着，她就唱起去年唱过的歌给灯火听。

唱完了歌，鸟儿又对着灯火看了一会儿，就飞走了。

——《去年的树》

快快：这只鸟和这棵树的感情真让人感动啊！

妈妈：鸟和树一直以来都是一对绝佳的文学意象组合。你想想看，哪些文学作品里写到了鸟和树？

快快：嗯，这个难不倒我。“两个黄鹂鸣翠柳，一行白鹭上青天！”这句唐诗里面有两种鸟呀，黄鹂和白鹭，黄鹂歌声很好听，白鹭又白又美。还写到一种树，柳树。黄鹂、翠柳，白鹭、青天，妈妈，你看，这色彩多么丰富！黄鹂跟柳树也是一对好朋友，不然黄鹂怎么整天在柳树上鸣叫呢？

妈妈：哇，你现在越来越能够赏析作品啦，把这句诗说得有声有色，很有动静呀。

快快：嘿嘿。我想啊想，又想到了——“几处早莺争暖树，谁家新燕啄春泥”！黄莺鸟抢着在树上做窝呢！可见鸟是很依赖树的，树也喜欢鸟呀。还有嘛，“鸟宿池边树，僧敲月下门”也写出了鸟和树的亲密关系呀。还有嘛，“枯藤老树昏鸦，小桥流水人家”，虽然这句读起来挺忧伤的，但也写出了树和鸟密不可分，它们就像长在一起一样。

妈妈：嗯，真不错。你找出了那么多，还分析得头头是道的。你看，你说的每一句都有鸟和树，每一句的鸟和树都与另一句的不同，所呈现出来的诗歌意境也各不相同。鸟高兴，树也高兴；树不高兴，鸟也不高兴。早莺和暖树在一起，那是春天到了，多么生机盎然，温暖美好啊！

快快：枯藤、老树和昏鸦在一起，昏沉沉的，感觉好凄凉啊。

妈妈：是呢！枯藤老树昏鸦，就把天涯漂泊的孤独和辛酸表现得淋漓尽致，谁见了都会悲从心来。

快快：妈妈，这篇《去年的树》里面的这只鸟就更痴情了！

一开始，鸟和树就是好朋友。它天天给树唱歌，树呢，天天听它唱歌。可是，冬天到了，鸟儿要去南方了，只好离开了树。树呢，天天盼着它回来。

妈妈：鸟儿回来了吗？

快快：第二年春天，鸟儿是回来了，可是树不见了，只留下光溜溜的树根在那儿。树被人砍了呀。鸟儿多么伤心啊！

妈妈：那它怎么办呢？

快快：它就到处去找树。原来树被伐木人砍倒，被切成细条条，做成了火柴。

妈妈：它找到火柴了吗？

快快：一个小女孩告诉它："火柴已经用光了。可是，火柴点燃的火，还在这盏灯里亮着。"于是，鸟儿唱起去年唱过的歌给灯火听。

妈妈：它一定在灯火里看见了去年的树。

快快：妈妈，好感人啊！我都感动得想哭了。

妈妈：嗯，确实挺感人的。这是多么炙热而珍贵的感情啊！

快快：就好像我现在离开了我的幼儿园同学和小学同学，我也很舍不得他们。我经常会想念他们。

妈妈：是的。人的一生中总有分分合合。即便是亲人、朋友，都只能彼此陪伴一段时间，只不过有些陪伴的时间长一些，有些短一些。所以有一句话叫作：天下没有不散的筵席。

快快：太让人忧伤了。“长亭外，古道边，芳草碧连天。晚风拂柳笛声残，夕阳山外山……”

妈妈：正因为别离使人伤感，所以我们更应该好好珍惜相处的时光呀。彼此相亲相爱、融融乐乐，等到以后回忆起来都是美美的。更何况，诗人说过“海内存知己，天涯若比邻”，真正的好朋友不会因为距离而疏远，他们的心依然贴得很近，很近。

快快：那我们就给离别的朋友深深的拥抱和祝福吧。等到见面时，大家都要拿出好成绩。

妈妈：嗯，说得太棒了！

快快：妈妈，我又想到了另一个鸟和树的故事。

妈妈：哦，哪一个？

快快：就是冰波老师的微童话《树叶鸟》呀。

妈妈：哦？读来听听！

快快：秋天，树叶干枯了，一片一片往下落，就像鸟儿在飞一样。忽然，就在落叶快要落地的时候，每一片叶子就会变成一只小鸟。小鸟们飞起来，飞到一个美丽的湖，洗一个澡，拍拍翅膀，然后飞到远方去了。树叶变的鸟，明年会再来，当它们回来的时候，还会回到树叶上，变成一片新树叶。这就是神奇的树叶鸟。

妈妈：在冰波老师笔下，鸟和树合二为一，融为一体了。

快快：这样它们就可以永远在一起了。

妈妈：快快，如果让你来写鸟和树的故事，你会怎么写呢？

快快：这个嘛，且让我先好好构思构思咯。

妈妈贴士

读新美南吉的童话，你会发现，他对动物有着特殊的感情。一群或喜或悲、或愁或欢的小动物主宰着新美南吉的童话王国。他笔下的小动物们个个都性格鲜明。想起一首老歌，叫作“绿叶对根的情谊”，而这里是鸟儿对树的情谊。这样深刻的情谊让每一个捧读的人都会变得柔软起来。这样美好和伤感的故事让我们学会了爱。

妈妈导读

阿斯特丽德·林格伦，1907年出生在瑞典斯莫兰省一个农民家里，1946—1970年间担任拉米和舍格伦出版公司儿童部主编，开创了瑞典儿童文学的一个黄金时代。林格伦的童话《长袜子皮皮》使得她蜚声瑞典，继而蜚声欧洲乃至全世界。她的代表作品还有《小飞人卡尔松》《米欧，我的米欧》《狮心兄弟》《绿林女儿》《淘气包埃米尔》等。1957年她获瑞典"高级文学标准作家"国家奖，1958年获"安徒生金质奖章"，1971年获瑞典文学院"金质大奖章"。她共为孩子们写了87部儿童文学作品。这些著作成为无数孩子心目中的宝书，成为无数成年人难忘的阅读记忆。

读《长袜子皮皮》

皮皮拉着杜米的手，用力地按着。然后她跑过跳板。这时，一大滴泪水从杜米的鼻子上流下来。他拉着阿妮卡的手，他们站在那里注视着皮皮，看她站在甲板上。透过一层泪水，东西看起来有些模模糊糊。

“皮皮万岁！”码头上的人喊道。

“弗里多尔夫，拉起跳板！”长袜子船长在喊。

弗里多尔夫按照命令拉起了跳板，“蹦蹦跳跳”号准备就绪，就要起航到陌生的地方去啦。正在这时……

“不行，埃弗拉伊姆爸爸！”皮皮说，“不行。我不忍心了！”

“你不忍心什么呀？”长袜子船长问。

“我不忍心在这个绿色的地球上有人为我哭泣和伤心，特别是杜米和阿妮卡。快放下跳板！我待在维拉·维洛古拉不走啦。”

——《长袜子皮皮》

快快：妈妈，这个皮皮也真够皮的，简直比男孩子还要皮！

妈妈：哦，是因为这样，所以叫皮皮吗？

快快：不是啦。她叫皮皮，恰恰又很皮啦。

妈妈：哦，她怎么皮呢？

快快：她满头红发，小辫子翘向两边。她的脸上满是雀斑，她还希望能够晒出更多的雀斑。她都不怕自己难看吗？

妈妈：没准她觉得雀斑很自然，很美呀。

快快：就是这样呢，你说她怪不怪，皮不皮？一点都不按常理出牌。

妈妈：哈哈，还怎么皮呢？

快快：就说她的名字吧，她为什么叫长袜子皮皮呢？因为她脚上总是穿一双长袜子，我们穿袜子，两只袜子都是一样的颜色，一样的图案，对吧？可她呢，她的袜子，一只是棕色的，一只是黑色的。你说皮不皮？还有，她的鞋子正好比她的脚大一倍。

妈妈：哈哈，真好玩！

快快：妈妈，她虽然是一个小姑娘，可是力大无比。她能够轻而易举地把一匹马、一头牛举过头顶！她能制服身强力壮的小偷和强盗，还降服了倔强的公牛和食人的大鲨鱼。

妈妈：哇哇，吹牛，继续吹！

快快：妈妈，不是我在吹牛，是作者在吹牛，谁相信呢！

妈妈：哈哈，你有没有发现童话故事里的主角都有超能力啊。比如说哆啦A梦，比如说舒克和贝塔，比如说葫芦娃，比如说彼得·潘……

快快：是呀，他们能飞能跑，能开坦克能开飞机，厉害得不得了。想变成什么就变成什么，还能隐身让别人看

不见，打死一个坏蛋就像捏死一个蚂蚁，那叫一个痛快！

妈妈：所以，长袜子皮皮有一点超能力太正常了呀。

快快：是哦，这不算吹牛。这是妈妈说过的伟大的想象力。

妈妈：童话就是给孩子们看的呀，孩子们都希望自己很厉害，很威武，除暴安良，拯救世界。都希望自己是黑猫警长和蜘蛛侠呢！

快快：每个孩子都有一个英雄梦！

妈妈：对呀。谁不想当英雄呢？

快快：我也想当。

妈妈：哈哈，你还记得你小时候走到哪儿都要带上金箍棒吗？

快快：嗯嗯，我太崇拜猴哥了！妈妈，你小时候崇拜谁？

妈妈：我崇拜铁臂阿童木。他举起双臂就能飞，想飞多远就飞多远，想飞多高就飞多高。我的铅笔盒、我的书包都印着铁臂阿童木。我还为我的铅笔盒写过一篇作文呢，题目就是“我也想要到天上去”。这可是我第一次发表的作品哦。

快快：哇，妈妈，你也拥有超能力。

妈妈：哈哈，我真希望我有超能力，可以写出好多好多的优秀作品给小朋友们看。

快快：妈妈，我发现这些英雄们不但都拥有超能力，最重要的是他们都很善良，都很热情，都同情弱者，都愿意帮助别人。

妈妈：说得太棒了！

快快：皮皮虽然很皮，不像个女孩子，但她很善良，也很大气。

妈妈：哦？

快快：你看，他爸爸给她很多金币，她常用它买糖果和玩具分送给孩子们，孩子们可开心了。还有，她自己的生日，她买了很多礼物送给跟她一起过生日的小朋友们。

妈妈：嗯，皮皮很懂得分享。

快快：妈妈，快乐是越分享越多的。

妈妈：说得好！

快快：还有一个地方很令我感动。我都差点哭了！

妈妈：怎么啦？

快快：喏，就是这儿。皮皮要离开小伙伴们，跟爸爸去航海。但是临行的时候，小伙伴们舍不得她走，都哭了，还喊着“皮皮万岁”！皮皮心一软，就不走了，又住回了维拉·维洛古拉，天天跟小伙伴们一起玩耍。

妈妈：嗯，真让人感动。特别是皮皮说“我不忍心在这个绿色的地球上有人为我哭泣和伤心”。

快快：妈妈，我还发现皮皮不但善良，而且还很有智慧。

妈妈：哦，很有智慧都被你看出来了？

快快：嗯哼。你看，有一次，两个贫穷的流浪汉要偷走皮皮的手提箱，那里面可是装满了爸爸给皮皮的金币哦。那两个人以为对付一个小女孩还不简单。没想到，皮皮力大无比，他们根本不是皮皮的对手。

妈妈：皮皮怎么解决这件事情呢？赶走了他们？还是把他们抓到警察局去？

快快：都不是。皮皮让他们一个跳舞，一个伴奏，给自己看。看起来是在捉弄他们，实际上是给他们劳动的机会。他们用音乐和舞蹈给皮皮带来了快乐，皮皮给了他们每人一枚金币。皮皮对他们说，这才是你们体面的收入。皮皮教会了他们做人的道理。

妈妈：嗯，皮皮真有智慧！

妈妈贴士

像许多其他著名的儿童文学作品一样，让林格伦蜚声世界的《长袜子皮皮》写作的缘起是：她给患病的7岁女儿卡琳讲故事。有一天她实在不知道讲什么好了，就问女儿："我讲什么好呢？"女儿顺口回答："讲长袜子皮皮。"于是，这个火红头发、力大无穷、好开玩笑、喜欢冒险的小女孩——长袜子皮皮就这么诞生了。所以，这本书里充满母爱，充满柔情。母亲希望女儿拥有的美好人格——善良、大气、可爱、智慧，全部藏在母亲每夜每夜床边讲的故事里。翻开看吧，愿你也拥有这么美好的品格。

妈妈导读

冰波，国家一级作家，是中国抒情童话的代表作家。迄今已出版各种童话作品240余本，发表单篇童话2000余篇，创作动画片剧本230余集。有多篇作品被选入内地及香港的小学语文和幼儿教材，多本图书被列入向青少年推荐的优秀图书。作品曾获全国优秀儿童文学奖、全国“五个一工程”奖、国家图书奖、宋庆龄儿童文学奖、冰心儿童图书奖、新作奖等五十余个奖项。主要作品有《毒蜘蛛之死》《冰波童话》《怪蜗牛奇遇记》《长颈鹿拉拉》《蓝鲸的眼睛》《阿笨猫全传》《狼蝙蝠》等。

读《阿笨猫全传》

“影子佣人？什么叫影子佣人？”阿笨猫不明白。

“啊，是这么回事。”巴拉巴很轻描淡写地说，“我们的星球上新发明了一种药丸，只要将药丸植入皮下，就能将人和他的影子分开。这样，从某种意义上说，一个人就变成了两个人。那么，这两个人就可以分工了，最享受、最舒服的事，当然是由原来那个主人来做，而最苦、最累的活，就都可以叫影子去干了。寂寞的时候，影子佣人还可以陪你聊天，为你倒洗脚水这种事更不在话下了……”

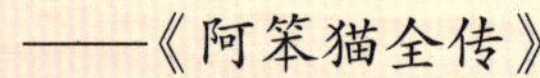

——《阿笨猫全传》

快快：哇，我最喜欢冰波童话了。写得太美了！

妈妈：嗯，冰波可是中国抒情童话的代表作家。

快快：妈妈，我给你读一篇，《萤火虫和星星》，作者——冰波：月光是一条温柔的河。萤火虫开始飞舞，飞着飞着，它们竟然在天空迷路了，只好和星星们待在一起，变成了星星。萤火虫变的星星和别的星星不一样，忽闪着淡淡的光。但是，要是它们一不小心掉下来，掉到草丛里，又会变成萤火虫。所以，有一些星星是萤火虫变的，有一些萤火虫是星星变的。

妈妈：这个童话虽然很短，但蕴含着深深的美。

快快：太抒情了！妈妈，你有没有听醉？

妈妈：醉了，醉了！

快快：萤火虫和星星变来变去的，太好玩了！

妈妈：是呀，在作者笔下，万事万物都是那么可爱。

快快：妈妈，这个阿笨猫就没这么可爱咯！

妈妈：哈哈，这个阿笨猫可真够笨的。不笨也不叫阿笨猫了。

快快：真是不长记性啊，被骗了一次又一次，跟我看过的漫画《笨贼一箩筐》里的那些笨贼有得一拼。

妈妈：我们数数看，阿笨猫都被骗过几次。

快快：数都数不过来，就单单说被外星商贩巴拉巴骗的吧。《机器小乌龟》里，巴拉巴送给阿笨猫一个机器小乌龟，这个小乌龟会爬，会说话，还挺好玩的，但是到了晚上就要阿笨猫没完没了地讲故事给它听。而且，这个小乌龟第二天还能下蛋，变出许多小小乌龟。那些小小乌龟都缠着阿笨猫讲故事，阿笨猫被烦死了，就想让巴拉巴收回这些机器小乌龟。但是呢，收回去就要钱了。阿笨猫被整得好惨。

妈妈：《影子佣人》里，还有一个高科技的影子佣人呢。这个影子佣人是从主人身上分离出来的，又被称为副人。影子佣人可以任由主人呼来唤去，叫他干啥他就干啥。但是呢，唯有一样不好，假如你心里想要去做坏事，他都不用你吩咐，马上帮你去做。

快快：那他是怎么知道的？

妈妈：他就是主人的影子啊，当然知道主人心里想的一切事情。比如，阿笨猫不是开着一家小店嘛，有一天店里的鸭子卖得特别好，阿笨猫就想：早知道，给鸭子注点水，赚得就更多了。影子佣人一听，赶紧去找了注射器，给鸭子注水。

快快：天哪，那不把顾客都赶走了？

妈妈：是啊，顾客们都骂阿笨猫是黑心贩子，要揍他呢。

快快：那怎么才能摆脱影子佣人？

妈妈：当然交钱给巴拉巴啦，他会在影子佣人身上打一针，这一针就要一万元哦，并且需要五个疗程。

快快：哦，My God！这猫不是好猫。

妈妈：是呢，他就是个小市民猫，喜欢贪小便宜，喜欢不劳而获。所以，他总是会受骗上当呀。

快快：那个《美梦睡帽》太好玩了，哈哈哈哈！

妈妈：这次又是怎么上当的？

快快：喏，就是一顶神奇的帽子，戴上它睡觉，就能够做美梦。

妈妈：听起来不错哦。

快快：听起来是不错。巴拉巴每次都一样，都是先把这些新奇、好玩的东西送给阿笨猫，等他欲罢不能的时候，就会乖乖地把钱交给巴拉巴了。

妈妈：那他戴上美梦睡帽，体验了一把没有？

快快：美滋滋地体验了一把。阿笨猫把睡帽戴在头上，马上就睡着了。很快，他就开始做梦了——在梦里，他变成了一只美丽的天鹅，正在一个很美的湖里，慢慢地游水。游着游着，他一展翅膀，飞了起来，向太阳飞去……

妈妈：哇，我也想要这个美梦睡帽！

快快：你看，妈妈，你也要被骗了！

妈妈：怎么了？

快快：你听着哈，第二天，阿笨猫又戴上了美梦睡帽。他梦见——他变成了一只美丽的天鹅，正在一个很美的湖里，慢慢地游水。游着游着，他一展翅膀，飞了起来，向太阳飞去……

妈妈：啊，那不是跟第一天的梦一模一样吗？

快快：是啊，同样的梦要做三十年，你说恐怖不恐怖？

妈妈：天哪，崩溃啊！

快快：看阿笨猫上钩了之后，巴拉巴就开始兜售了，先是让阿笨猫买了一个解码器。有了这个解码器，梦就不一样了。

妈妈：怎么不一样呢？

快快：第一天，他梦见自己变成一只美丽的乌龟，正在一个很美的湖里，慢慢地游水。游着游着，他一展翅膀，

飞了起来，向太阳飞去……第二天，他梦见自己变成了一只美丽的猴子，正在一个很美的湖里，慢慢地游水。游着游着，他一展翅膀，飞了起来，向太阳飞去……第三天，他梦见自己变成了一只美丽的狗熊，正在……

妈妈：停停停！这还不都一样吗？就是动物换了一下而已，其他都一样。

快快：是啊，这就是巴拉巴的伎俩。如果想消除这个梦境，那就需要三万元打一针。

妈妈：晕！

快快：妈妈，这笨猫真够倒霉的。我都有点同情他了。

妈妈：谁让他自己不老老实实开店，老是想着做美梦呢！

快快：光做美梦，再美也只是一个梦呀。要努力做事情，才能美梦成真。

妈妈：说得太对了！

妈妈贴士

著名儿童文学作家金波说："冰波是我国童话创作的重要作家。他早期的作品以抒情、诗意、语言优美见长。稍后的作品，风格有所改变，幽默、风趣、动感、注重情节性，再一次赢得了众多的读者。"而童话大师孙幼军则说："冰波，你的幽默、诙谐，你想象的奇特让我目不暇接！你脑袋里怎么会有那么多新奇的点子？唉，就是拿刀逼着，我也想不出那么些新奇的玩意儿来！"哈哈，多有趣，多有意思呀！写得有意思，评得也有意思。阿笨猫，笨笨的，懒懒的，你可别学他！我们不骗人，我们也要学会不被坏人骗。不贪便宜，不图安逸。世上最好的路，就是我们用双脚走出来的勤奋之路。

妈妈导读

罗尔德·达尔（1916—1990），英国著名儿童文学作家，创作儿童读物18本，如《詹姆斯和大仙桃》《查理和巧克力工厂》《好心眼的巨人》《女巫》《了不起的狐狸爸爸》《玛蒂尔达》等，其魔力超越语言和国界，同时他本人的传奇经历也像童话里的人物一样富有神奇力量，凡是读过其书的孩子全都情不自禁迷倒在他创造的畅快淋漓的魔力世界里。他做过飞行员，经历过第二次世界大战，有过惊险的空中激战，当过像特务工作一样的“空军大使”，写过拥有无数影迷的007电影剧本《你只能活两次》，自学成为美术收藏家、鉴赏家，最重要的是写过众多魅力无穷的儿童文学作品，获奖无数。

读《查理和巧克力工厂》

“那道瀑布是极其重要的！”旺卡先生继续说道，“它搅拌巧克力，把它搅匀！它冲击巧克力河水，使之变稀起泡！世界上没一家工厂用瀑布来搅拌巧克力的！然而，只有用这种方法才能把巧克力搅打得恰到好处！这是唯一的方法！你们喜欢我的这些树吗？”他大声问道，用手杖指点着，“喜欢我的这些可爱的灌木丛吗？你们不认为它们长得很美吗？告诉你们，我最恨丑陋的东西！当然它们都是能吃的！全是各种美味的东西制成的！你们喜欢我的草地吗？喜欢我的青草和毛茛植物吗？我亲爱的小朋友，你们脚下的青草是我刚发明的一种糖，一种新品种薄荷软糖！我给它起名叫斯比齐！摘片叶子尝尝！请尝！味道好极了！”

——《查理和巧克力工厂》

快快：妈妈，我猜到了开头，却没有猜到结局。

妈妈：哈哈！结局怎么可能这么容易猜到呢？

快快：看这个故事真像坐过山车一样，好玩又刺激。

妈妈：惊不惊喜？意不意外？

快快：嗯。随时有惊喜，处处有意外。但是想想呢，好像又都是真实可信的。就是你上次跟我说的“既在意料之外，又在情理之中”。

妈妈：哇，这都记得？说说看。

快快：喏，主人公小查理出生在一个贫困的家庭，可以说是穷得不能再穷了。爷爷、奶奶和外公、外婆同睡在一张床上。他们都是很老很老的老人了，老得随时都在睡觉。只有爸爸一个人在工作，有点微薄的收入。全家只能吃卷心菜、土豆和一些蔬菜汤，经常吃了上顿没下顿。但是，家庭氛围非常好，全家人都相亲相爱。

妈妈：意料之外呢？

快快：意料之外就是，谁也想不到，没过多久，小查理就从一个穷得不能再穷的小孩，摇身一变，变，变，变——变成了一个富得不能再富的人。

妈妈：天哪，他是怎么做到的？

快快：他也没做什么，他就是得到了一张影响他一生的奖券。

妈妈：他中奖了！

快快：对，人生中的头头头头头头等奖。

妈妈：到底是什么奖？

快快：是旺卡先生给的金参观券。

妈妈：旺卡先生又是谁？

快快：他就是拥有一家世界上最好最大最不可思议的巧克力工厂的人。

妈妈：哦？那这家巧克力工厂又是意料之外了？

快快：是啊，太意料之外了！你看，有永久棒棒糖，你把这种棒棒糖含在嘴里，舔啊舔，吃上一年都不会变少。有发丝太妃糖，秃头的人吃了这种糖，头发马上会长出来。还有滴溜溜四下瞅着的方糖，只要周围有一丝动静，这一排排小方块糖就会迅速地向四周看，那一

双双滴溜溜转的小眼睛就会盯着发出声响的东西看。还有托儿所用的可舔吃的墙纸。这种墙纸上印满了所有水果的图案，舔舔香蕉图案，你就尝到了香蕉的滋味；舔舔草莓图案，你就吃到了草莓。还有，冷天吃的热冰淇淋、能吃的果汁软糖枕头……反正我们想不到的，这里统统都有。

妈妈：哇，你有没有流口水啊？

快快：看这本书，不知流了多少口水了，又默默地咽了回去。

妈妈：哈哈哈。

快快：还有呢，他们是怎么制作巧克力的呢？告诉你，太意外了。工厂里面有一条河，又宽又长，河里流着的不是水，而是巧克力溶液。河的上头有一道瀑布，这道瀑布是用来搅拌巧克力溶液的。太神奇了吧！

妈妈：还有呢？

快快：还有这些工人可不是一般的人，他们都是小矮人。他们非常喜欢吃可可豆，还非常喜欢大笑和唱歌。他们唱的歌都是自己编的。

妈妈：这真是太有趣了！对了，你说了那么多"意料之外"，那么还有"情理之中"呢？

快快："情理之中"嘛，你看，旺卡先生为什么能够制造出这么好吃又神奇的巧克力呢？因为他有丰富的想象力，又非常爱孩子。他自己就像一个长不大的孩子。他的童年没有巧克力吃，所以他发誓要造出世界上最好吃的巧克力让孩子们吃个够，让孩子们因为吃他的巧克力开心、快乐。

妈妈：真是一个了不起的企业家。

快快：还有一个"情理之中"嘛，妈妈，你知道旺卡先生为什么要给孩子们金参观券，让几个幸运的孩子和他们的家长一起来参观他的巧克力工厂吗？

妈妈：是哦，那可是世界上最神秘的地方了。这个巧克力工厂从来不对外开放，人们只看到一些黑影在工作，从来没有人看见过他们出来。

快快：是呀，是因为之前有人进去偷了旺卡先生的巧克力配方。所以，从此以后，旺卡先生的巧克力工厂就不对任何人开放了。那些小矮人工人一辈子都在工厂里，从不外出。

妈妈：那怎么又让这5个孩子和他们的家长参观了呢？

快快：因为旺卡先生老了嘛，他又没有孩子。所以，他是用这个方法来寻找继承人。

妈妈：哦，原来如此。

快快：最后一个"情理之中"，你知道吗？就是，旺卡先生为什么选中查理作为继承人呢？查理为什么一眨眼变成了富得不能再富的人呢？

妈妈：哦？为什么呢？

快快：这很让人意外吧，同时又在情理之中。因为查理是所有孩子中最孝顺、最懂事、最有礼貌、最守规矩又最有智慧的人。当然，也是最爱吃巧克力的人。旺卡先生选中查理，再亲自培养他，等他长大了来接管巧克力工厂，这样旺卡先生就放心了。

妈妈：嗯，小查理和旺卡先生一样，真正懂得巧克力的美妙滋味来源于神秘的配方，更来源于爱。

妈妈贴士

5名获得金参观券的幸运儿及其家庭，他们在一同参观旺卡先生的巧克力工厂的时候，所表现出来的言行举止，我们都有目共睹。从这里可以看出不同的家庭教育对孩子的不同影响。他们的骄横、放纵、固执，没有规矩，没有礼貌，都是父母一贯以来宠溺、偏袒的结果。而小查理，虽然出身贫穷，但他坚毅、乐观、重情，是因为团结、坚强、开朗的家庭氛围滋养了他。所以，这部名著不仅是写给孩子看的，也是写给家长看的。

妈妈导读

弗朗西丝·霍奇森·伯内特（1849—1924），英语世界家喻户晓的儿童文学作家，生于英国曼彻斯特市，在英国度过童年，1865年随全家移民美国田纳西州。代表作品有小说《小爵士》《秘密花园》和《小公主》，三部小说都曾风行一时，出过数十种版本，并多次被改编为电影和电视剧。她从小热爱文学，喜欢狄更斯和萨克雷的小说。1909年，当她在纽约长岛布置自己家花园的时候，突发灵感，构思出《秘密花园》。这本小说初版于1911年，在她的两个国家——英国和美国都很畅销，并且成为她最著名、最成功的作品。

读《秘密花园》

这个地方是秋色狂欢的汪洋，金色、紫色、紫蓝和火焰一样的红色，每一侧都有一丛丛的晚百合站在一起——白色的百合，还有白色和深红相间的。他记得很清楚第一丛是什么时候种下的，一年的这个季节里，它们迟到的光彩开始展现。晚玫瑰攀缘，垂挂，聚成一串串，阳光把正在变黄的树木染得更深，让人觉得站在一个藤树荫翳的黄金庙堂里。新来者静默地站着，就像孩子们初来时进入那一片灰色一样。他环顾了又环顾。

"我原以为它已经死了。"他说。

"玛丽开始也这样以为。"柯林说，"可是它活了过来。"

——《秘密花园》

快快：妈妈，这本书从头到尾都充满了神秘的气息。

妈妈：哦？这都被你看出来了？

快快：这个女主人公玛丽是一个小孤儿，对不对？

妈妈：对呀，她的父母死于霍乱，她被送到姨父家。

快快：她被送到姨父家的时候，是几岁？

妈妈：十岁呀。

快快：而姨父家有个花园也已经荒废十年了。

妈妈：这说明什么？

快快：玛丽其实也像这个花园一样被荒废了十年。

妈妈：有道理。她爸爸妈妈生下了她，就把她交给了仆人和奶妈。仆人和奶妈都是唯命是从的机器人，她根本没有享受过父爱、母爱以及小伙伴之间的友情。

快快：是呀，所以玛丽从小就傲慢无礼、性格倔强，长得又瘦又黄，没有人喜欢她，她也不喜欢任何一个人。

妈妈：这真是很可悲的事情。因为缺乏爱，也失去了爱的能力。

快快：但是她到了姨父家就不一样了。她在知更鸟的引导下，捡到了打开花园的钥匙，和女仆玛莎以及她的弟弟——小男孩迪肯成了好朋友。她跟这个花园一起苏醒了！

妈妈：嗯，也可以说一起复活了。这个花园就是玛丽的象征，是玛丽给这个花园带来了生机。

快快：还有呢，这个花园也非常具有神秘气息。

妈妈：是呀，所以叫作秘密花园嘛。它到底藏着什么秘密呢？

快快：十年前，这个花园里什么花都有，玫瑰最多。因为姨父——克兰文先生，他非常爱他的妻子，为他的妻子种下整个花园的花。

妈妈：想想都很浪漫啊！

快快：可是后来，妻子因为生孩子难产而死。克兰文先生伤心欲绝，就把整个花园给封了，还把钥匙埋进了土里。而且，他还迁怒于他们的孩子——柯林，也从来没有给过他父爱。

妈妈：这跟玛丽很像。

快快：是呀，所以玛丽非常同情柯林。他们都是不幸的孩子。

妈妈：迪肯和玛莎就不一样了。

快快：嗯。玛莎是个女仆，迪肯是她的弟弟，他们一共有12个兄弟姐妹呢。他们家很穷很穷，但是很快乐。他们的妈妈整天都在辛苦地劳动，他们经常吃不饱饭。

但是迪肯和玛莎都非常善良，也非常乐观。

妈妈：相反，柯林和玛丽的家庭都很富裕，两个孩子却一点都不快乐，简直就像住在人间地狱。这说明什么呢？

快快：说明富不一定快乐，穷也不一定不快乐。

妈妈：对。快乐与否跟拥有多少财富并没有直接的联系。

快快：妈妈，你有没有觉得那只知更鸟也非常具有神秘的气息？

妈妈：嗯，这只知更鸟可不得了。它就差会讲人话了。什么都知道，什么都懂。

快快：你要知道，玛丽到十岁了，都没有一个朋友，更不用说好朋友了。而她在这个世界上的第一个好朋友就是这只知更鸟。

妈妈：是啊，这只知更鸟会跟她打招呼，跟她说再见。它用欢快的歌声感染她，带给她无尽的快乐。所以，每次见到这只知更鸟，玛丽都觉得它懂她，它爱她。

快快：而且，也是这只知更鸟引导着玛丽找到了姨父十年前埋进土里的钥匙，才打开了被姨父封锁了十年的秘密花园。

妈妈：嗯，分析得真不错！那还有什么神秘气息呢？

快快：玛丽的姨父——克兰文先生也很神秘。

妈妈：哦？

快快：你看他这十年都不待在家里，而是四处游走，他是想逃避妻子死了的痛苦。他也不想看到自己的儿子，因为妻子是为了生儿子而死的。

妈妈：这真是一个悲伤的故事。所以，要让他一下子从悲伤中走出来，也是不可能的。

快快：等到花园被重新打开，花园里的花重新活回来，克兰文先生在梦中收到了妻子写给他的信，让他回家看看花园。所以，他就回来了。是不是很神秘呀？

妈妈：等到他看到姹紫嫣红、芬芳四溢的花园的时候，他的心也活过来了。

快快：尤其是他看到他的儿子活蹦乱跳的时候。

妈妈：是呀，人们都说他的儿子没有几年好活，因为出生的时候落下疾病。幸亏，在玛丽的热心和友情的感染下，他重新热爱生活。他说，我要永远永远活下去！

妈妈：其实这也是一个互相救赎的故事。

快快：什么是救赎？

妈妈：救赎就是拯救呀。你看，玛丽成了孤儿，姨父把她接了过来，是不是姨父救了她？

快快：对对，然后她也救了姨父，因为她使他荒废的花园重新开满了花。

妈妈：是呀，玛丽还拯救了柯林。如果没有玛丽的抚慰，柯林也不会好起来。

快快：迪肯和玛莎也拯救了玛丽。是他们俩的乐观和爱，让玛丽变得健康、活跃。

妈妈：而玛丽拯救了这个秘密花园。

快快：《秘密花园》拯救了所有的人。

妈妈：说得太棒了！这本书教会万千读者美与爱的真谛。

妈妈贴士

《秘密花园》既是一个女孩子的“历险”故事，也是几个颓废绝望的人互相救赎、重新复活的故事。它告诉我们在人生的路上，当面对挫折和痛苦时，要学会开启心灵的秘密花园，敞开心扉，微笑面对人生，战胜自己，战胜磨难。每个人都应该有乐观开朗、积极向上的生活态度，永远不要放弃自己。

妈妈导读

《尼尔斯骑鹅旅行记》是瑞典女作家塞尔玛·拉格洛夫创作的童话，首次出版于1907年。在该书中，作者用新颖、灵活的手法，幽默而生动的笔调为孩子们描绘了瑞典一幅幅气象万千的美丽图画，并通过引人入胜的故事情节，对瑞典的地理、地貌、动物、植物、文化古迹、内地居民和偏僻地区少数民族的生活和风俗习惯，进行了真实的记录，融文艺性、知识性、科学性于一体。《尼尔斯骑鹅旅行记》是世界文学史上第一部，也是唯一一部获得诺贝尔文学奖的童话作品。因为拉格洛夫的成就，她被选为瑞典皇家学会会员。由于她的文学贡献，拉格洛夫的肖像还被印在瑞典货币20克朗钞票上呢。

读《尼尔斯骑鹅旅行记》

他踏上堤岸以后，又转过身去看那些朝着大海飞去的鸟群。所有鸟群都发出鸣叫，彼伏此起，呼应不绝。唯独有一群大雁悄然无声地朝前飞。男孩子站在那里目送他们远去。

那群大雁排列对称，队形整齐，他们飞翔得非常快，他们翅膀挥动得强健有力。男孩子脉脉含情地目送着他们远去，心里无限惆怅，似乎在盼望能够再一次变成一个名叫大拇指儿的小人儿，再跟随着雁群飞过陆地和海洋，遨游各地。

——《尼尔斯骑鹅旅行记》

快快：妈妈，尼尔斯就是个熊孩子啊！你看他整天调皮捣蛋的，很不爱学习。对爸爸妈妈很没有礼貌，对家里的各种家畜们就更不用说了。牛讨厌他，鹅讨厌他，谁都讨厌他。我也非常讨厌他。

妈妈：是呀，熊孩子真是谁见了都摇头。可是，后来呢？

快快：后来他变好了。变得谦虚有礼、乐于助人，又聪明又可爱，还非常勇敢，简直判若两人啊！

妈妈：是什么使他发生那么大的变化呢？

快快：就是他跟着白鹅去旅行，一路上发生的事情，教会了他做人的道理。

妈妈：这说起来真是一个神奇的故事。

快快：一切都是从他得罪了一位很有法力的小狐仙开始的。他得到的惩罚就是被变成了拇指大的小人儿。他害怕极了。

妈妈：想想看，我们如果被变成小人，也会像他那样惊慌失措的。太可怕了！

快快：是啊，但是奇迹也是在那一刻发生的。

妈妈：哦？什么奇迹呀？

快快：那天天气特别特别好，一群大雁从头顶飞过。他们一边飞，一边还在鼓动地面上的家禽也跟着他们飞。

妈妈：家禽不会飞呀。

快快：但是尼尔斯家的那只叫马丁的大白鹅听到之后非常

动心。他不断地扇动翅膀，飞起来了又掉下来，掉下来又飞起来。

妈妈：嗯，这真是一只充满梦想的白鹅。

快快：是啊，他也想要到远方去，去看看不一样的风景，经历不一样的事情。

妈妈：最后，他飞起来了吗？

快快：他飞起来了，还把拇指大的尼尔斯也带走了。其实，是他飞起来的时候，尼尔斯恰巧伏在他的背上。尼尔斯原也没打算跟他走的，一切都是意外啊。

妈妈：这真是一场说走就走的旅行哈。

快快：妈妈，应该说，这真是一场没说走就走了的旅行。

妈妈：哈哈，有意思。

快快：一开始，尼尔斯还觉得有点害怕。毕竟他离开了地面，飞到了高空之中。而且，骑在鹅背上，是要掌握平衡才行的呀。如果一不小心摔下来，那小命就没了！

妈妈：那倒是的。

快快：白鹅跟着雁群飞，大雁们一开始也看不起白鹅，因为他飞不快，也不熟练。更看不起尼尔斯了，因为他太小太小了，简直微不足道。

妈妈：那后来大雁们有没有接纳他俩？

快快：不但接纳了，而且对他们特别好。

妈妈：哦？那又是因为什么？

快快：因为小小的尼尔斯发挥了人的聪明机智和狡猾的狐狸作斗争，救下了一只大雁。领头雁阿卡非常感激他，也对他刮目相看。

妈妈：你看，熊孩子成了小英雄了！

快快：是呢！后来，他还不畏艰险和困难赶走了乌鸦山的盗贼，救下了阿卡从小养大的一只小雕，还做了很多很多的好事。

妈妈：我看你都有点崇拜他了！

快快：嗯。妈妈，你有没有发现，其实一个人在做了好事之后，最开心的不是被他拯救的人，而是他自己！这是为什么？

妈妈：你说呢？

快快：因为大家都喜欢他、爱他、崇拜他。他觉得自己很有成就感。他觉得自己做的事情很有价值，很有意义。

妈妈：对呀，所以说，施比受有福。

快快：什么意思？

妈妈：就是说，付出比得到更快乐。

快快：妈妈，我也想做这样的人。我要多付出，多贡献，让别人得到我的帮助。这样，我也很会有成就感。

妈妈：嗯，太棒了！所以，尼尔斯懂得这个道理之后，他就成长了。

快快：妈妈，领头雁阿卡和那只小雕之间的故事也让我很感动。我都看哭了。

妈妈：这部名著可是得了诺贝尔文学奖的，可了不起了！作者除了写了小男孩尼尔斯的成长史，还饱含深情地写了瑞典的民间生活、风土人情、文化古迹、地理地貌，还写到了各种动物之间的和谐相处，简直是一本百科全书呀。

快快：妈妈，本来雕是猛禽，是许多小动物的天敌，领头雁阿卡也很讨厌雕。但是，当阿卡看到小雕的父母都死了，小雕成了孤儿之后，就特别同情小雕。阿卡把母爱给了小雕，精心抚养他，每天找食物喂养他，还想通过自己的努力，让他变得不再凶猛。但是，小雕长大了，知道了自己不是大雁，而是雕。他还是离开了阿卡。阿卡也很生气。最后，在尼尔斯的撮合下，他们俩又和好如初了。

妈妈：真是很感人。尼尔斯也真正明白了什么是爱。

快快：所以，他非常想念父母，又回到了家乡。但是，他变成了人形之后，大雁们差点没有认出他。他再也不能用动物的语言跟他们交流了。他真舍不得离开陪伴了他八个月的大雁们，尤其是领头雁阿卡。

妈妈：是啊，大雁们教会他太多太多。这八个月的骑鹅旅行让他脱胎换骨，成了具有正义感、真诚、智慧、勇敢、善良的小英雄。我相信，他一生都会记得这一次难得而美妙的经历。

快快：我相信，他一生都会做一个小英雄。

妈妈贴士

从一个人人讨厌的熊孩子变成人人喜爱的小英雄，是环境和经历使尼尔斯接受了各种挑战，得以蜕变、成长。所谓“言教不如身教，身教不如境教”，就是这个道理。作为家长，我们要思考这样一个问题：当孩子的言行举止、行为习惯，甚至品德操行不尽如人意的时候，长期的说教可能会使他更反感。不如吸引他到大自然中去，亲近动物、植物，参与劳动，品尝收获，甚至接受挑战，学会付出，孩子就会迅速成长，自带光芒。

妈妈导读

乔治·塞尔登，1929年生于美国康涅狄格州。他的第一本书出版于1956年，不过并没有引起很多人的注意。真正使他一举成名的，是他1961年获得纽伯瑞儿童文学奖银奖的《时代广场的蟋蟀》。这本书出版后即佳评如潮，一直到今天仍风行美国市场，奠定了塞尔登在儿童文学界的地位。

读《时代广场的蟋蟀》

“我不想演奏。”切斯特说。

“你不想演奏！”老鼠叫喊起来，“那就等于太阳说‘我不想发光’。”

“嗯，有时候是有阴天的。”蟋蟀说，“难道我就不能休息一下吗？”

“嗯，嗯，嗯！”老鼠塔克显得非常狼狈。

“让他休假一天吧。”猫儿哈里说：“你怎么啦，切斯特？荣誉开始使你情绪低落了吧？”

“我想我是害了‘九月的怀乡病’啦。”切斯特叹息着说，“秋天快来啦。在康涅狄格州，秋天多美啊。树叶全换了颜色，白昼晴朗明亮，地平线上升起了一缕树叶烧起来的轻烟，南瓜开始成熟。”

——《时代广场的蟋蟀》

快快：妈妈，你小时候养过宠物吗？

妈妈：养过啊。

快快：那你都养过什么宠物呢？

妈妈：我养过五只小鸭子。我给它们取名哆哆、来来、咪咪、发发、唆唆，每天喂白菜叶子、小鱼、玉米给它们吃，把它们赶到小池塘里面游泳。有一次它们不愿意去，我就拿了木头大浴盆放上水，把它们一只一只抓进去游泳。

快快：哈哈，太有意思了！妈妈，快说说，你还养过什么？

妈妈：还养过鸡。你知道刚出生没几天的黄毛小鸡，毛茸茸的，太可爱了！一天到晚“叽叽叽”“叽叽叽”地叫着，整个家里都是它们的叫声，可热闹了！等它们长大一些了，我就把它们抓起来，走上楼梯，把它们一只一只从我手里放飞！

快快：啊？那不把它们摔死啊？

妈妈：我是想练习它们的飞翔能力呀，你要知道鸡的祖先是鸟。

快快：妈妈，原来你小时候也这么顽皮啊！

妈妈：哈哈，一般一般。

快快：妈妈，那你还养过什么宠物？

妈妈：猪算不算？妈妈还养过猪。

快快：算呀，猪是大宠物。

妈妈：我对那头猪太好了。一放学就割猪草给它吃，每天用皮管给它冲水洗澡，夏天猪的耳朵被蚊子咬了，我还给它涂上了紫药水。到了过年，它要被杀了，我还伤心地哭了好几天呢！

快快：妈妈，我也想养宠物，可以吗？

妈妈：你想养什么？

快快：我想养一只蟋蟀。

妈妈：哈哈，蟋蟀，妈妈小时候经常捉的。在城市里蟋蟀就比较难找了。

快快：妈妈，我是想养一只《时代广场的蟋蟀》里那样的蟋蟀。它会讲人话，会演奏好听的音乐，它有很多的演出，还有一只聪明的老鼠当它的经纪人。

妈妈：哇，还有这么厉害的蟋蟀！简直是蟋蟀界的明星啊！

快快：那是！这只蟋蟀太传奇了！妈妈，我跟你讲，这只蟋蟀呢，名叫切斯特。它住在乡下的草原上。有一天，它因为贪吃跳进了一个野餐篮子里，被带到纽约最繁华的地方——时代广场的地铁站。它非常幸运地遇到了非常爱它的小主人玛利欧和那只非常聪明的老鼠塔克。哦，对了，还有一只憨厚的猫叫作亨利。总之，小主人还有三只动物经常一起玩，他们彼此结下了深厚的友谊。

妈妈：啊？猫和老鼠不打架？

快快：这里的猫和老鼠好得很，是好朋友，从来不打架。

妈妈：哦。

快快：一开始呢，小主人的妈妈不喜欢这只蟋蟀，不同意小主人养它。小主人就只好把蟋蟀养在他们家的报摊上。他们家是卖报纸的啦。有一次，蟋蟀不小心咬破了一张纸币，妈妈就更生气了，非得把蟋蟀扫地出门。是老鼠塔克慷慨解囊，用自己平时冒着生命危险捡到的钱给蟋蟀解了围。

妈妈：这老鼠真是铁哥们，真够仗义的呀。

快快：嗯。还有一次，他们在一起开派对，由于蟋蟀演奏得太美妙了，老鼠塔克禁不住跟着跳起来，太兴奋了，撞翻了火柴盒，引起了火灾，幸好蟋蟀很冷静也很聪明，它用闹铃声引来了消防员的救援，小伙伴们才没有失去生命。

妈妈：经过这么多事情之后，他们的感情也更深了吧？

快快：是啊。但是，小主人的妈妈觉得蟋蟀是灾星，是不祥之物，更想把它赶走了。

妈妈：那怎么办？

快快：关键时刻，还是蟋蟀自己救了自己。它弹奏了一首非常好听又有点忧伤的老歌，没想到，小主人玛利欧的妈妈听得入迷了，而且非常感动。这样，蟋蟀切斯特又可以留下来了。

妈妈：接下来呢？

快快：接下来，就是我说的，老鼠哈克成了蟋蟀的经纪人，在它的包装和安排下，蟋蟀的演奏会一场接着一场，人们都爱上了这只有着极高音乐天赋的蟋蟀。它还

能自己作曲，最后成为震惊整个纽约的音乐家！玛丽欧成为人人羡慕的孩子，他们家的生意也好得不得了。

妈妈：成名了，演出多了，那蟋蟀还像以前那样快乐吗？

快快：一开始还好。但是越来越忙，功成名就之后的小蟋蟀切斯特开始失落了。它觉得自己并不快乐。这时候，它想起了康涅狄格州的秋天。

妈妈：它想家了？

快快：是的。它说自己患上了"怀乡病"。

妈妈：那它后来回到家了吗？猫和老鼠，还有小主人舍得它离开吗？

快快：当然不舍得了。要知道，小主人多爱它。而老鼠塔克在第一次见到这只小蟋蟀的时候，就把自己唯一的一根腊肠分给它吃。

妈妈：哎！我也舍不得。但作为朋友，我们还是要尊重小蟋蟀的意愿啊。

快快：是啊，在朋友们的理解和帮助下，它终于回到了自己深爱的故乡。老鼠和猫还约着下次去乡下看它呢。

妈妈贴士

一只蟋蟀、一只老鼠和一只猫之间的真挚友情足以温暖这个冰冷的世界。任何读过这本书的人，无论孩子还是成人，都会永远记得那只叫作切斯特的蟋蟀，记住那嘹亮而韵律无穷的鸣叫。而蟋蟀从乡下进城，历尽艰险，最后功成名就，还是忘不了故乡秋天落叶的气息。这又何尝不是每个人都曾有过的少年情怀和挡不住的乡愁呢？